ŒUVRES
DE
MOLIERE,
NOUVELLE ÉDITION

Enrichie de Figures en taille-douce.

TOME SEPTIEME.

A AMSTERDAM,
Aux dépens de la Compagnie.

M. DCC. LXXII.

TABLE

DES PIECES CONTENUES

dans ce septième Volume.

MÉLICERTE, Pastorale Héroïque.

LES FOURBERIES DE SCAPIN.

PSICHÉ, Tragi-Comédie & Ballet.

LES FEMMES SAVANTES.

MÉLICERTE,

PASTORALE HÉROIQUE.

ACTEURS.

MÉLICERTE, Bergere.

DAPHNÉ, Bergere.

EROXENE, Bergere.

MIRTIL, Amant de Mélicerte.

ACANTE, Amant de Daphné.

TIRENE, Amant d'Eroxene.

LICARSIS, Pâtre, cru Pere de Mirtil.

CORINE, Confidente de Mélicerte.

NICANDRE, Berger.

MOPSE, Berger, cru Oncle de Mélicerte.

La Scene est en Thessalie, dans la vallée de Tempé.

Tome IV.

MELICERTE

MÉLICERTE,
PASTORALE HÉROIQUE.

ACTE PREMIER.

SCENE PREMIERE.
DAPHNÉ, EROXENE, ACANTE, TIRENE.

ACANTE.

H! Charmante Daphné.
TIRENE.
Trop aimable Eroxene.
DAPHNÉ.
Acante, laisse-moi.
EROXENE.
Ne me suis point, Tirene.
ACANTE à *Daphné.*
Pourquoi me chasses-tu ?
TIRENE à *Eroxene.*
Pourquoi suis-tu mes pas ?
DAPHNÉ à *Acante.*
Tu me plais loin de moi.
EROXENE à *Tirene.*
Je m'aime où tu n'es pas.

ACANTE.
Ne cefferas-tu point cette rigueur mortelle ?
TIRENE.
Ne cefferas-tu point de m'être si cruelle ?
DAPHNÉ.
Ne cefferas-tu point tes inutiles vœux ?
EROXENE.
Ne cefferas-tu point de m'être si fâcheux ?
ACANTE.
Si tu n'en prends pitié, je fuccombe à ma peine.
TIRENE.
Si tu ne me fecours, ma mort est trop certaine.
DAPHNE.
Si tu ne veux partir, je quitterai ce lieu.
EROXENE.
Si tu veux demeurer, je te vais dire adieu.
ACANTE.
Hé bien, en m'éloignant, je te vais fatisfaire.
TIRENE.
Mon départ va t'ôter ce qui peut te déplaire.
ACANTE.
Généreufe Eroxene, en faveur de mes feux,
Daigne au moins, par pitié, lui dire un mot ou deux.
TIRENE.
Obligeante Daphné, parle à cette inhumaine ;
Et fçache d'où, pour moi, procéde tant de haine.

SCENE II.

DAPHNÉ, EROXENE.

EROXENE.

Acante a du mérite, & t'aime tendrement ;
D'où vient que tu lui fais un si dur traitement ?

PASTORALE HÉROIQUE.
DAPHNÉ.
Tirene vaut beaucoup, & languit pour tes charmes;
D'où vient que, sans pitié, tu vois couler ses lar‑
mes ?
EROXENE.
Puisque j'ai fait ici la demande avant toi,
La raison te condamne à répondre avant moi.
DAPHNÉ.
Pour tous les soins d'Acante on me voit inflexible,
Parce qu'à d'autres vœux je me trouve sensible.
EROXENE.
Je ne fais pour Tirene éclater que rigueur,
Parce qu'un autre choix est maître de mon cœur.
DAPHNÉ.
Puis-je sçavoir de toi ce choix qu'on te voit taire ?
EROXENE.
Oui, si tu veux du tien m'apprendre le mystere.
DAPHNÉ.
Sans te nommer celui qu'amour m'a fait choisir,
Je puis facilement contenter ton desir ;
Et, de la main d'Atis, ce Peintre inimitable,
J'en garde dans ma poche un portrait admirable,
Qui, jusqu'au moindre trait, lui ressemble si fort,
Qu'il est sûr que tes yeux le connoîtront d'abord.
EROXENE.
Je puis te contenter par une même voie,
Et payer ton secret en pareille monnoie.
J'ai de la main aussi de ce peintre fameux,
Un aimable portrait de l'objet de mes vœux,
Si plein de tous ses traits & de sa grace extrême,
Que tu pourras d'abord te le nommer toi-même.
DAPHNÉ.
La boëte que le Peintre a fait faire pour moi,
Est tout-à-fait semblable à celle que je voi.
EROXENE.
Il est vrai, l'une à l'autre entiérement ressemble ;
Et, certe, il faut qu'Atis les ait fait faire ensemble.

MÉLICERTE,

DAPHNÉ.

Faisons en même-temps, par un peu de couleurs,
Confidence à nos yeux du secret de nos cœurs.

EROXENE.

Voyons à qui plus vîte entendra ce langage,
Et qui parle le mieux de l'un ou l'autre ouvrage.

DAPHNÉ.

La méprise est plaisante, & tu te brouilles bien ;
Au lieu de ton portrait tu m'as rendu le mien.

EROXENE.

Il est vrai ; je ne sçais comme j'ai fait la chose.

DAPHNÉ.

Donne. De cette erreur ta rêverie est cause.

EROXENE.

Que veut dire ceci ? Nous nous jouons, je croi.
Tu fais de ces portraits même chose que moi.

DAPHNÉ.

Certes, c'est pour en rire, & tu peux me le rendre.

EROXENE *mettant les deux portraits l'un à côté de l'autre.*

Voici le vrai moyen de ne se point méprendre.

DAPHNÉ.

De mes sens prévenus est-ce une illusion ?

EROXENE.

Mon ame sur mes yeux fait-elle impression ?

DAPHNÉ.

Mirtil, à mes regards, s'offre dans cet ouvrage.

EROXENE.

De Mirtil, dans ces traits, je rencontre l'image.

DAPHNÉ.

C'est le jeune Mirtil qui fait naître mes feux.

EROXENE.

C'est au jeune Mirtil que tendent tous mes vœux.

DAPHNÉ.

Je venois aujourd'hui te prier de lui dire
Les soins que, pour son sort, son mérite m'inspire.

PASTORALE HÉROÏQUE.
EROXENE.
Je venois te chercher pour servir mon ardeur,
Dans le dessein que j'ai de m'assurer son cœur.
DAPHNÉ.
Cette ardeur qu'il t'inspire est-elle si puissante ?
EROXENE.
L'aimes-tu d'une amour qui soit si violente ?
DAPHNÉ.
Il n'est point de froideur qu'il ne puisse enflammer,
Et sa grace naissante a de quoi tout charmer.
EROXENE.
Il n'est Nymphe en l'aimant qui ne se tînt heureuse
Et Diane, sans honte, en seroit amoureuse.
DAPHNÉ.
Rien que son air charmant ne me touche aujour-
d'hui ;
Et, si j'avois cent cœurs, ils seroient tous pour lui.
EROXENE.
Il efface à mes yeux tout ce qu'on voit paroître ;
Et, si j'avois un sceptre, il en seroit le maître.
DAPHNÉ.
Ce seroit donc en vain qu'à chacune en ce jour,
On nous voudroit, du sein, arracher cet amour.
Nos ames, dans leurs vœux, sont trop bien affermies,
Ne tâchons, s'il se peut, qu'à demeurer amies ;
Et puisqu'en même-tems, pour le même sujet,
Nous avons, toutes deux, formé même projet,
Mettons dans ce débat la franchise en usage,
Ne prenons l'une & l'autre aucun lâche avantage ;
Et courons nous ouvrir ensemble à Licarsis,
Des tendres sentimens où nous jette son fils.
EROXENE.
J'ai peine à concevoir, tant la surprise est forte,
Comme un tel fils est né d'un pere de la sorte ;
Et sa taille, son air, sa parole & ses yeux,
Feroient croire qu'il est issu du sang des Dieux ;
Mais enfin, j'y souscris, courons trouver ce pere,
Allons-lui de nos cœurs découvrir le myftere,

Et confentons qu'après, Mirtil, entre nous deux,
Décide, par fon choix, ce combat de nos vœux.
DAPHNÉ.
Soit. Je vois Licarfis avec Mopfe & Nicandre,
Ils pourront le quitter, cachons-nous pour attendre.

SCENE III.
LICARSIS, MOPSE, NICANDRE.
NICANDRE à Licarfis.

Dis-nous donc ta nouvelle.
LICARSIS.
Ah, que vous me preffez !
Cela ne fe dit pas comme vous le penfez.
MOPSE.
Que de fottes façons & que de badinage !
Ménalque, pour chanter, n'en fait pas davantage.
LICARSIS.
Parmi les curieux des affaires d'Etat,
Une nouvelle à dire eft d'un puiffant éclat.
Je me veux mettre un peu fur l'homme d'importance,
Et jouir quelque-tems de votre impatience.
NICANDRE.
Veux-tu, par tes délais, nous fatiguer tous deux ?
MOPSE.
Prends-tu quelque plaifir à te rendre fâcheux ?
NICANDRE.
De grace, parle, & mets ces mines en arriere.
LICARSIS.
Priez-moi donc tous deux de la bonne maniere,
Et me dites chacun quel don vous me ferez,
Pour obtenir de moi ce que vous defirez.
MOPSE.
La pefte foit du fat ! Laiffons-le là, Nicandre,
Il brûle de parler, bien plus que nous d'entendre.

Sa nouvelle lui pese, il veut s'en décharger,
Et, ne l'écouter pas, est le faire enrager.
LICARSIS.
Hé?
NICANDRE.
Te voilà puni de tes façons de faire.
LICARSIS.
Je m'en vais vous le dire, écoutez.
MOPSE.
                              Point d'affaire.
LICARSIS.
Quoi ? Vous ne voulez pas m'entendre ?
NICANDRE.
                                    Non.
LICARSIS.
                              Hé bien,
Je ne dirai donc mot, & vous ne sçaurez rien.
MOPSE.
Soit.
LICARSIS.
     Vous ne sçaurez pas qu'avec magnificence
Le Roi vient d'honorer Tempé de sa présence ;
Qu'il entra dans Larisse hier sur le haut du jour ;
Qu'à l'aise je l'y vis avec toute sa Cour ;
Que ces bois vont jouir aujourd'hui de sa vue,
Et qu'on raisonne fort touchant cette venue.
NICANDRE.
Nous n'avons pas envie aussi de rien sçavoir.
LICARSIS.
Je vis cent choses-là, ravissantes à voir.
Ce ne sont que Seigneurs, qui, dés pieds à la tête,
Sont brillans & parés comme au jour d'une fête,
Ils surprennent la vue; & nos prés, au Printems,
Avec toutes leurs fleurs, sont bien moins éclatans.
Pour le Prince, entre tous sans peine on le remarque,
Et, d'une stade loin, il sent son grand Monarque ;
Dans toute sa personne il a je ne sçais quoi,
Qui d'abord fait juger que c'est un maître Roi.

MÉLICERTE,

Il le fait d'une grace à nulle autre seconde,
Et cela, sans mentir, lui sied le mieux du monde.
On ne croiroit jamais comme, de toutes parts,
Toute sa Cour s'empresse à chercher ses regards,
Ce sont autour de lui confusions plaisantes ;
Et l'on diroit un tas de mouches reluisantes,
Qui suivent en tous lieux un doux rayon de miel.
Enfin l'on ne voit rien de si beau sous le Ciel,
Et la fête de Pan, parmi nous si chérie,
Auprès de ce spectacle, est une gueuserie.
Mais, puisque, sur le fier, vous vous tenez si bien,
Je garde ma nouvelle, & ne veux dire rien.

MOPSE.
Et nous ne te voulons aucunement entendre.
LICARSIS.
Allez vous promener.
MOPSE.
Va-t-en te faire pendre.

SCENE IV.

EROXENE, DAPHNÉ, LICARCIS.

LICARSIS se croyant seul.

C'Est de cette façon que l'on punit les gens,
Quand ils font les benêts & les impertinens.
DAPHNE.
Le Ciel tienne, Pasteur, vos brebis toujours saines.
EROXENE.
Cérès tienne de grains vos granges toujours pleines.
LICARSIS.
Et le grand Pan vous donne à chacun un époux,
Qui vous aime beaucoup, & soit digne de vous.
DAPHNE.
Ah ! Licarsis, nos vœux à même but aspirent.

PASTORALE HÉROIQUE.

EROXENE.
C'est pour le même objet que nos deux cœurs soupirent.

DAPHNÉ.
Et l'amour, cet enfant qui cause nos langueurs,
A pris chez vous le trait dont il blesse nos cœurs.

EROXENE.
Et nous venons ici chercher votre alliance,
Et voir qui de nous deux aura la préférence.

LICARSIS.
Nymphes..

DAPHNÉ.
Pour ce bien seul nous poussons des soupirs.

LICARSIS.
Je suis....

EROXENE.
A ce bonheur tendent tous nos desirs.

DAPHNÉ.
C'est un peu librement exprimer sa pensée.

LICARSIS.
Pourquoi?

EROXENE.
La bienséance y semble un peu blessée.

LICARSIS.
Ah, point.

DAPHNÉ.
Mais quand le cœur brûle d'un noble feu,
On peut, sans nulle honte, en faire un libre aveu.

LICARSIS.
Je....

EROXENE.
Cette liberté nous peut être permise,
Et du choix de nos cœurs la beauté l'autorise.

LICARSIS.
C'est blesser ma pudeur que me flatter ainsi.

EROXENE.
Non, non, n'affectez point de modestie ici.

DAPHNÉ.
Enfin, tout notre bien est en votre puissance.

EROXENE.
C'est de vous que dépend notre unique espérance.
DAPHNÉ.
Trouverons-nous en vous quelque difficulté?
LICARSIS.
Ah!
EROXENE.
Nos vœux, dites-moi, seront-ils rejettés?
LICARSIS.
Non, j'ai reçu du Ciel une ame peu cruelle,
Je tiens de feu ma femme, & je me sens comme elle,
Pour les desirs d'autrui beaucoup d'humanité,
Et je ne suis point homme à garder de fierté.
DAPHNÉ.
Accordez donc Mirtil à notre amoureux zele.
EROXENE.
Et souffrez que son choix regle notre querelle.
LICARSIS.
Mirtil?
DAPHNÉ.
Oui. C'est Mirtil que, de vous, nous voulons.
EROXENE.
De qui pensez-vous donc qu'ici nous vous parlons?
LICARSIS.
Je ne sçais; mais Mirtil n'est guere dans un âge
Qui soit propre à ranger au joug du mariage.
DAPHNÉ.
Son mérite naissant peut frapper d'autres yeux;
E l'on veut s'engager un bien si précieux,
Prévenir d'autres cœurs, & braver la fortune,
Sous les fermes liens d'une chaîne commune.
EROXENE.
Comme, par son esprit & ses autres brillans,
Il rompt l'ordre commun & devance le tems,
Notre flamme pour lui veut en faire de même,
Et régler tous ses vœux sur son mérite extrême.

PASTORALE HÉROIQUE.
LICARSIS.
Il est vrai qu'à son âge il surprend quelquefois;
Et cet Athénien, qui fut chez moi vingt mois,
Qui, le trouvant joli, se mit en fantaisie
De lui remplir l'esprit de sa Philosophie,
Sur de certains discours l'a rendu si profond,
Que tout grand que je suis, souvent il me confond.
Mais avec tout cela, ce n'est encor qu'enfance,
Et son fait est mêlé de beaucoup d'innocence.

DAPHNÉ.
Il n'est point tant enfant, qu'à le voir chaque jour,
Je ne le croie atteint déjà d'un peu d'amour;
Et plus d'une aventure à mes yeux s'est offerte,
Où j'ai connu qu'il fuit la jeune Mélicerte.

EROXENE.
Ils pourroient bien s'aimer; & je vois....

LICARSIS.
         Franc abus.
Pour elle, passe encor, elle a deux ans de plus,
Et deux ans, dans son sexe est une grande avance.
Mais pour lui, le jeu seul l'occupe tout, je pense,
Et les petits desirs de se voir ajusté,
Ainsi que les Bergers de haute qualité.

DAPHNÉ.
Enfin, nous desirons, par le nœud d'hymenée,
Attacher sa fortune à notre destinée.

EROXENE.
Nous voulons, l'une & l'autre, avec pareille ardeur,
Nous assurer de loin l'empire de son cœur.

LICARSIS.
Je m'en tiens honoré plus qu'on ne sçauroit croire.
Je suis un pauvre Pâtre; & ce m'est trop de gloire,
Que deux Nymphes d'un rang le plus haut du pays,
Disputent à se faire un époux de mon fils.
Puisqu'il vous plaît qu'ainsi la chose s'exécute,
Je consens que son choix regle votre dispute;
Et celle qu'à l'écart laissera cet arrêt,
Pourra, pour son recours, m'épouser, s'il lui plaît.

MÉLICERTE,

C'est toujours même sang, & presque même chose.
Mais le voici. Souffrez qu'un peu je le dispose,
Il tient quelque moineau qu'il a pris fraîchement ;
Et voilà ses amours & son attachement.

SCENE V.

EROXENE, DAPHNÉ & LICARSIS dans
le fond du Théatre, **MIRTIL**.

MIRTIL *se croyant seul, & tenant un moineau dans une cage.*

Innocente petite bête,
 Qui, contre ce qui vous arrête,
 Vous débattez tant à mes yeux,
De votre liberté ne plaignez point la perte ;
 Votre destin est glorieux,
 Je vous ai pris pour Mélicerte.

Elle vous baisera, vous prenant dans sa main ;
 Et de vous mettre en son sein,
 Elle vous fera la grace.
Est-il un sort au monde & plus doux & plus beau ?
Et qui des Rois, hélas ! heureux petit moineau,
 Ne voudroit être en votre place ?

LICARSIS.

Mirtil, Mirtil, un mot. Laissons-là ces joyaux,
Il s'agit d'autre chose ici que de moineaux.
Ces deux Nymphes, Mirtyl, à la fois te prétendent,
Et tout jeune, déjà pour époux te demandent ;
Je dois, par un hymen, t'engager à leurs vœux,
Et c'est toi que l'on veut qui choisisse des deux.

MIRTIL.

Ces Nymphes ?

LICARSIS.

Oui. Des deux, tu peux en choisir une.

Vois quel est ton bonheur, & bénis la fortune.
MIRTIL.
Ce choix qui m'est offert peut-il m'être un bonheur,
S'il n'est aucunement souhaité de mon cœur ?
LICARSIS.
Enfin, qu'on le reçoive, & que, fans le confondre,
A l'honneur qu'elles font, on fonge à bien répondre.
EROXENE.
Malgré cette fierté qui regne parmi nous,
Deux Nymphes, ô Mirtil, viennent s'offrir à vous ;
Et de vos qualités les merveilles éclofes,
Font que nous renverfons ici l'ordre des chofes.
DAPHNÉ.
Nous vous laiffons, Mirtil, pour l'avis le meilleur,
Confulter, fur ce choix, vos yeux & votre cœur ;
Et nous n'en voulons point prévenir les fuffrages,
Par un recit paré de tous nos avantages.
MIRTIL.
C'est me faire un honneur dont l'éclat me furprend ;
Mais cet honneur pour moi, je l'avoue, est trop grand.
A vos rares bontés il faut que je m'oppofe,
Pour mériter ce fort, je fuis trop peu de chofe ;
Et je ferois fâché, quels qu'en foient les appas,
Qu'on vous blâmât pour moi de faire un choix trop bas.
EROXENE.
Contentez nos defirs, quoiqu'on en puiffe croire,
Et ne vous chargez point du foin de notre gloire.
DAPHNE.
Non, ne defcendez point dans ces humilités,
Et laiffez-nous juger ce que vous méritez.
MIRTIL.
Le choix qui m'est offert s'oppofe à votre attente,
Et peut feul empêcher que mon cœur vous contente.
Le moyen de choifir de deux grandes beautés,
Egales en naiffance & rares qualités ?

Rejetter l'une ou l'autre est un crime effroyable ;
Et n'en choisir aucune est bien plus raisonnable.
EROXENE.
Mais, en faisant refus de répondre à nos vœux,
Au lieu d'une, Mirtil, vous en outragez deux.
DAPHNÉ.
Puisque nous consentons à l'arrêt qu'on peut rendre,
Ces raisons ne font rien à vouloir s'en défendre.
MIRTIL.
Hé bien, si ces raisons ne vous satisfont pas,
Celle-ci le fera. J'aime d'autres appas;
Et je sens bien qu'un cœur, qu'un bel objet engage,
Est insensible & sourd à tout autre avantage.
LICARSIS.
Comment donc! Qu'est ceci? qui l'eût pu présumer?
Et sçavez-vous, morveux, ce que c'est que d'aimer?
MIRTIL.
Sans sçavoir ce que c'est, mon cœur a su le faire.
LICARSIS.
Mais cet amour me choque & n'est pas nécessaire.
MIRTIL.
Vous ne deviez donc pas, si cela vous déplaît,
Me faire un cœur sensible & tendre comme il est.
LICARSIS.
Mais ce cœur que j'ai fait, me doit obéissance.
MIRTIL.
Oui, lorsque d'obéir il est en sa puissance.
LICARSIS.
Mais enfin sans mon ordre, il ne doit point aimer.
MIRTIL.
Que n'empêchiez-vous donc que l'on pût le charmer?
LICARSIS.
Hé bien, je vous défends que cela continue.
MIRTIL.
La défense, j'ai peur, sera trop tard venue.
LICARSIS.
Quoi, les peres n'ont pas des droits supérieurs?

MIRTIL.
Les Dieux, qui font bien plus, ne forcent point les
  cœurs.
LICARSIS.
Les Dieux..... Paix, petit fot. Cette Philofophie
Me.....
DAPHNÉ.
Ne vous mettez point en courroux, je vous prie.
LICARSIS.
Non, je veux qu'il fe donne à l'une pour époux,
Où je vais lui donner le fouet tout devant vous.
Ah, ah! je vous ferai fentir que je fuis pere.
DAPHNÉ.
Taifons, de grace, ici les chofes fans colere.
EROXENE.
Peut-on fçavoir de vous cet objet fi charmant
Dont la beauté, Mirtil, vous a fait fon amant?
MIRTIL.
Mélicerte, Madame. Elle en peut faire d'autres.
EROXENE.
Vous comparez, Mirtil, fes qualités aux nôtres?
DAPHNÉ.
Le choix d'elle & de nous eft affez inégal.
MIRTIL.
Nymphes, au nom des Dieux, n'en dites point de
  mal;
Daignez confidérer, de grace, que je l'aime,
Et ne me jettez point dans un défordre extrême.
Si j'outrage, en l'aimant, vos céleftes attraits,
Elle n'a point de part au crime que je fais;
C'eft de moi, s'il vous plaît, que vient toute l'of-
  fenfe.
Il eft vrai, d'elle à vous, je fçais la différence;
Mais, par fa deftinée, on fe trouve enchaîné,
Et je fens bien enfin que le Ciel m'a donné
Pour vous tout le refpect, Nymphes, imaginable;
Pour elle tout l'amour dont une ame eft capable.
Je vois, à la rougeur qui vient de vous faifir,

Que ce que je vous dis ne vous fait pas plaisir.
Si vous parlez, mon cœur appréhende d'entendre
Ce qui peut le blesser par l'endroit le plus tendre;
Et, pour me dérober à de semblables coups,
Nymphes, j'aime bien mieux prendre congé de vous.

LICARSIS.

Mirtil, holà, Mirtil. Veux-tu revenir, traître ?
Il fuit ; mais on verra qui de nous est le maître.
Ne vous effrayez point de tous ces vains transports,
Vous l'aurez pour époux j'en réponds corps pour corps.

Fin du premier Acte.

ACTE II.

SCENE PREMIERE.
MÉLICERTE, CORINE.

MÉLICERTE.

AH! Corine, tu viens de l'apprendre de Stelle,
Et c'est de Licarsis qu'elle tient la nouvelle?

CORINE.
Oui.

MÉLICERTE.
Que les qualités dont Mirtil est orné,
Ont sçu toucher d'amour Eroxène & Daphné?

CORINE.
Oui.

MÉLICERTE.
Que pour l'obtenir leur ardeur est si grande,
Qu'ensemble elles en ont déjà fait la demande?
Et que, dans ce débat, elles ont fait dessein
De passer, dès cette heure, à recevoir sa main?
Ah! que tes mots ont peine à sortir de ta bouche!
Et que c'est foiblement que mon souci te touche.

CORINE.
Mais quoi! que voulez-vous? c'est-là la vérité,
Et vous redites tout, comme je l'ai conté.

MÉLICERTE.
Mais comment Licarsis reçoit-il cette affaire?

CORINE.
Comme un honneur, je crois, qui doit beaucoup
lui plaire.

MÉLICERTE.
Et ne vois-tu pas bien, toi, qui sçais mon ardeur,

Qu'avec ces mots, hélas ! tu me perces le cœur ?
CORINE.
Comment ?
MÉLICERTE.
Me mettre aux yeux que le sort implacable,
Auprès d'elles, me rend trop peu considérable,
Et qu'à moi, par leur rang, on les va préférer,
N'est-ce pas une idée à me désespérer ?
CORINE.
Mais quoi ! je vous réponds, & dis ce que je pense.
MÉLICERTE.
Ah ! tu me fais mourir par ton indifférence.
Mais, dis, quels sentimens Mirtil a-t-il fait voir ?
CORINE.
Je ne sçais.
MÉLICERTE.
Et c'est-là ce qu'il falloit sçavoir,
Cruelle.
CORINE.
En vérité, je ne sçais comment faire ;
Et, de tous les côtés, je trouve à vous déplaire.
MÉLICERTE.
C'est que tu n'entres point dans tous les mouvemens
D'un cœur, hélas ! rempli de tendres sentimens.
Va-t-en, laisse-moi seule, en cette solitude,
Passer quelques momens de mon inquiétude.

SCENE II.
MÉLICERTE seule.

Vous le voyez, mon cœur, ce que c'est que d'aimer,
Et Bélise avoit sçu trop bien m'en informer,
Cette charmante mere, avant sa destinée,
Me disoit une fois sur le bord du Pénée,
Ma fille, songe à toi, l'amour aux jeunes cœurs

Se presente toujours entouré de douceurs ;
D'abord il n'offre aux yeux que choses agréables :
Mais il traîne après lui des troubles effroyables ;
Et, si tu veux passer tes jours dans quelque paix,
Toujours, comme d'un mal, défends-toi de ses traits.
De ces leçons, mon cœur, je m'étois souvenue ;
Et quand Mirtil venoit à s'offrir à ma vue,
Qu'il jouoit avec moi, qu'il me rendoit des soins,
Je vous disois toujours de vous y plaire moins.
Vous ne me crûtes point ; & votre complaisance
Se vit bientôt changée en trop de bienveillance.
Dans ce naissant amour qui flattoit vos desirs,
Vous ne vous figuriez que joie & que plaisirs,
Cependant vous voyez la cruelle disgrace ;
Dont, en ce triste jour, le destin vous menace,
Et la peine mortelle où vous voilà réduit.
Ah, mon cœur ! Ah, mon cœur ! Je vous l'avois bien dit.
Mais tenons, s'il se peut, notre douleur couverte.
Voici......

―――――――――――

SCENE III.

MIRTIL, MÉLICERTE.

MIRTIL.

J'Ai fait tantôt, charmante Mélicerte,
Un petit prisonnier que je garde pour vous,
Et dont peut-être un jour, je deviendrai jaloux.
C'est un jeune moineau, qu'avec un soin extrême
Je veux, pour vous l'offrir, apprivoiser moi-même.
Le présent n'est pas grand ; mais les divinités
Ne jettent leurs regards que sur les volontés.
C'est le cœur qui fait tout, & jamais la richesse

Des presens que..... Mais, Ciel ! D'où vient cette
 tristesse ?
Qu'avez-vous, Mélicerte, & quel sombre chagrin
Se voit dans vos beaux yeux répandu ce matin ?
Vous ne répondez point ? Et ce morne silence
Redouble encor ma peine & mon impatience.
Parlez. De quel ennui ressentez-vous les coups ?
Qu'est-ce donc ?
MÉLICERTE.
Ce n'est rien.
MIRTIL.
Ce n'est rien, dites-vous ?
Et je vois cependant vos yeux couverts de larmes.
Cela s'accorde-t-il, beauté pleine de charmes ?
Ah, ne me faites point un secret dont je meurs,
Et m'expliquez, hélas ! ce que disent ces pleurs.
MÉLICERTE.
Rien ne me serviroit de vous le faire entendre.
MIRTIL.
Devez-vous rien avoir que je ne doive apprendre ?
Et ne blessez-vous pas notre amour aujourd'hui,
De vouloir me voler ma part de votre ennui ?
Ah ! ne le cachez point à l'ardeur qui m'inspire.
MÉLICERTE.
Hé bien, Mirtil, hé bien, il faut donc vous le dire.
J'ai sçu que, par un choix plein de gloire pour vous,
Eroxene & Daphné vous veulent pour époux ;
Et je vous avouerai que j'ai cette foiblesse
De n'avoir pû, Mirtil, le sçavoir sans tristesse,
Sans accuser du sort la rigoureuse loi
Qui les rend, dans leurs vœux, préférables à moi.
MIRTIL.
Et vous pouvez l'avoir cette injuste tristesse ?
Vous pouvez soupçonner mon amour de foiblesse ?
Et croire qu'engagé par des charmes si doux,
Je puisse être jamais à quelqu'autre qu'à vous ?
Que je puisse accepter une autre main offerte ?
Hé ! que vous ai-je fait, cruelle Mélicerte,

Pour traiter ma tendresse avec tant de rigueur,
Et faire un jugement si mauvais de mon cœur ?
Quoi, faut-il que de lui, vous ayez quelque crain-
   te !
Je suis bien malheureux de souffrir cette atteinte ;
Et que me sert d'aimer comme je fais, hélas !
Si vous êtes si prête à ne le croire pas !

        MÉLICERTE.

Je pourrois moins, Mirtil, redouter ces rivales,
Si les choses étoient, de part & d'autre, égales ;
Et dans un rang pareil, j'oserois espérer
Que peut-être l'amour me feroit préférer ;
Mais l'inégalité de bien & de naissance,
Qui peut, d'elles à moi, faire la différence....

        MIRTIL.

Ah, leur rang de mon cœur ne viendra pas à bout,
Et vos divins appas vous tiennent lieu de tout.
Je vous aime, il suffit ; &, dans votre personne,
Je vois rang, biens, tresors, états, sceptre cou-
   ronne ;
Et, des Rois les plus grands m'offrit-on le pouvoir,
Je n'y changerois pas le bien de vous avoir.
C'est une vérité toute sincere & pure,
Et pouvoir en douter, est me faire une injure.

        MÉLICERTE.

Hé bien, je crois, Mirtil, puisque vous le voulez,
Que vos vœux, par leur rang, ne sont point ébran-
   lés,
Et que, bien qu'elles soient nobles, riches & belles,
Votre cœur m'aime assez pour me mieux aimer
   qu'elles ;
Mais ce n'est pas l'amour dont vous suivez la voix,
Votre pere, Mirtil, réglera votre choix ;
Et, de même qu'à vous, je ne lui suis pas chere,
Pour préférer à tout une simple bergere.

        MIRTIL.

Non, chere Mélicerte, il n'est pere ni Dieux
Qui me puissent forcer à quitter vos beaux yeux ;

Et toujours de mes vœux, Reine comme vous êtes...
MÉLICERTE.
Ah ! Mirtil, prenez garde à ce qu'ici vous faites.
N'allez point presenter un espoir à mon cœur,
Qu'il recevroit peut-être avec trop de douceur,
Et qui, tombant après comme un éclair qui passe,
Me rendroit plus cruel le coup de ma disgrace.
MIRTIL.
Quoi ! Faut-il des sermens appeller le secours,
Lorsque l'on vous promet de vous aimer toujours ?
Que vous vous faites tort par des telles allarmes,
Et connoissez bien peu le pouvoir de vos charmes !
Hé bien, puisqu'il le faut, je jure par les Dieux,
Et, si ce n'est assez, je jure par vos yeux,
Qu'on me tuera plutôt que je vous abandonne.
Recevez-en ici la foi que je vous donne ;
Et souffrez que ma bouche, avec ravissement,
Sur cette belle main en signe le serment.
MÉLICERTE.
Ah ! Mirtil, levez-vous de peur qu'on ne vous voie.
MIRTIL.
Est-il rien... Mais, ô Ciel ! On vient troubler ma
joie.

SCENE IV.
LICARSIS, MIRTIL, MÉLICERTE.
LICARSIS.
Ne vous contraignez pas pour moi.
MÉLICERTE à part.
Quel sort fâcheux !
LICARSIS.
Cela ne va pas mal, continuez tous deux.
Peste, mon petit fils, que vous avez l'air tendre,
Et qu'en maître déja vous sçavez vous y prendre !
Vous a-t-il, ce sçavant qu'Athenes exila,

Dans sa Philosophie appris ces choses-là !
Et vous, qui lui donnez de si douce maniere,
Votre main à baiser, la gentille Bergere,
L'honneur vous apprend-il ces mignardes douceurs
Par qui vous débauchez ainsi les jeunes cœurs ?
MIRTIL.
Ah ! Quittez de ces mots l'outrageante bassesse,
Et ne m'accablez point d'un discours qui la blesse.
LICARSIS.
Je veux lui parler, moi. Toutes ces amitiés....
MIRTIL.
Je ne souffrirai point que vous la maltraitiez.
A du respect pour vous la naissance m'engage ?
Mais je sçaurai, sur moi, vous punir de l'outrage.
Oui, j'atteste le Ciel que, si, contre mes vœux,
Vous lui dites encor le moindre mot fâcheux,
Je vais, avec ce fer qui m'en fera justice,
Au milieu de mon sein, vous chercher un supplice ;
Et, par mon sang versé, lui marquer, promptement,
L'éclatant désaveu de votre emportement.
MÉLICERTE.
Non, non, ne croyez pas qu'avec art je l'enflamme
Et que mon dessein soit de séduire son ame.
S'il s'attache à me voir, & me veut quelque bien,
C'est de son mouvement, je ne l'y force en rien.
Ce n'est pas que mon cœur veuille ici se défendre
De répondre à ses vœux d'une ardeur assez tendre,
Je l'aime, je l'avoue, autant qu'on puisse aimer ;
Mais cet amour n'a rien qui vous doive allarmer,
Et, pour vous arracher toute injuste créance,
Je vous promets ici d'éviter sa presence,
De faire place au choix où vous vous résoudrez ;
Et ne souffrir ses vœux que quand vous le voudrez.

SCENE V.
LICARSIS, MIRTIL.
MIRTIL.

HÉ bien, vous triomphez avec cette retraite,
Et, dans ces mots, votre ame a ce qu'elle souhaite,
Mais apprenez qu'en vain vous vous réjouissez,
Que vous serez trompé dans ce que vous pensez;
Et qu'avec tous vos soins, toute votre puissance,
Vous ne gagnerez rien sur ma persévérance.
LICARSIS.
Comment? A quel orgueil! fripon, vous vois-je aller? Est-ce de la façon que l'on me doit parler?
MIRTIL.
Oui, j'ai tort, il est vrai, mon transport n'est pas sage.
Pour rentrer au devoir, je change de langage;
Et je vous prie ici, mon pere, au nom des Dieux,
Et par-tout ce qui peut vous être précieux,
De ne vous point servir, dans cette conjoncture,
Des fiers droits que sur moi vous donne la nature.
Ne m'empoisonnez point vos bienfaits les plus doux,
Le jour est un present que j'ai reçu de vous;
Mais de quoi vous serai-je aujourd'hui redevable,
Si vous me l'allez rendre, hélas! insupportable;
Il est, sans Mélicerte, un supplice à mes yeux;
Sans ses divins appas, rien ne m'est précieux,
Ils font tout mon bonheur, & toute mon envie;
Et si vous me l'ôtez, vous m'arrachez la vie.
LICARSIS à part.
Aux douleurs de son ame il me fait prendre part,
Qui l'auroit jamais cru de ce petit pendard!

PASTOLE HÉROIQUE.

Quel amour, quels transports, quels discours pour son âge !
J'en suis confus, & sens que cet amour m'engage.

MIRTIL se jettant aux genoux de Licarsis.

Voyez, me voulez-vous ordonner de mourir ;
Vous n'avez qu'à parler, je suis prêt d'obéir.

LICARSIS *à part.*

Je n'y puis plus tenir, il m'arrache les larmes.
Et ces tendres propos me font rendre les armes.

MIRTIL.

Que si, dans votre cœur, un reste d'amitié,
Vous peut de mon destin donner quelque pitié,
Accordez Mélicerte à mon ardente envie,
Et vous ferez bien plus que me donner la vie.

LICARSIS.

Leve-toi.

MIRTIL.

Serez-vous sensible à mes soupirs ?

LICARSIS.

Oui.

MIRTIL.

J'obtiendrai de vous l'objet de mes desirs ?

LICARSIS.

Oui.

MIRTIL.

Vous ferez pour moi que son oncle l'oblige
A me donner sa main ?

LICARSIS.

Oui. Leve-toi, te dis-je.

MIRTIL.

O pere, le meilleur qui jamais ait été.
Que je baise vos mains, après tant de bonté.

LICARSIS.

Ah, que pour ses enfans un pere a de foiblesse !
Peut-on rien refuser à leurs mots de tendresse ?
Et ne se sent-on pas certains mouvemens doux,
Quand on vient à songer que cela sort de vous ?

MÉLICERTE.
MIRTIL.
Me tiendrez-vous au moins la parole avancée ?
Ne changerez-vous point, dites-moi, de pensée ?
LICARSIS.
Non.
MIRTIL.
Me permettez-vous de vous désobéir,
Si de ces sentimens on vous fait revenir ?
Prononcez le mot.
LICARSIS.
Oui. Ah, nature, nature !
Je m'en vais trouver Mopse, & lui faire ouverture
De l'amour que sa niece & toi vous vous portez.
MIRTIL.
Ah, que ne dois-je point à vos rares bontés !
(*seul.*)
Quelle heureuse nouvelle à dire à Mélicerte !
Je n'accepterois pas une couronne offerte,
Pour le plaisir que j'ai de courir lui porter
Ce merveilleux succès qui la doit contenter.

SCENE VI.
ACANTE, TIRENE, MIRTIL.
ACANTE.

AH ! Mirtil, vous avez du Ciel reçu des charmes,
Qui nous ont préparé des matieres de larmes ;
Et leur naissant éclat, fatal, à nos ardeurs,
De ce que nous aimons, nous enleve les cœurs.
TIRENE.
Peut-on sçavoir, Mirtil, vers qui de ces deux belles,
Vous tournerez ce choix dont courent les nouvelles,
Et sur qui doit de nous tomber ce coup affreux
Dont se voit foudroyé tout l'espoir de nos vœux ?

ACANTE.
Ne faites point languir deux amans davantage,
Et nous dites quel sort votre cœur nous partage.
TIRENE.
Il vaux mieux, quand on craint ces malheurs écla-
  tans,
En mourir tout-d'un-coup, que traîner si long-tems.
MIRTIL.
Rendez, nobles Bergers, le calme à votre flamme;
La belle Mélicerte a captivé mon ame.
Auprès de cet objet, mon sort est assez doux,
Pour ne pas consentir à rien prendre sur vous;
Et, si vos vœux enfin n'ont que les miens à craindre,
Vous n'aurez, l'un ni l'autre, aucun lieu de vous
  plaindre.
ACANTE.
Ah ! Mirtil, se peut-il que deux tristes amans...
TIRENE.
Est-il vrai que le Ciel sensible à nos tourmens...
MIRTIL.
Oui, content de mes fers comme d'un victoire,
Je me suis excusé de ce choix plein de gloire;
J'ai de mon pere encor changé les volontés,
Et, l'ai fait consentir à mes félicités.
ACANTE à *Tirene.*
Ah, que cette aventure est un charmant miracle,
Et qu'à notre poursuite elle ôte un grand obstacle !
TIRENE à *Acante.*
Elle peut renvoyer ces Nymphes à nos vœux,
Et nous donner moyen d'être contens tous deux.

SCENE VII.

NICANDRE, MIRTIL, ACANTE, TIRENE.

NICANDRE.

SÇavez-vous en quel lieu Mélicerte est cachée ?
MIRTIL.
Comment ?
NICANDRE.
En diligence, elle est par-tout cherchée.
MIRTIL.
Et pourquoi ?
NICANDRE.
Nous allons perdre cette beauté.
C'est pour elle qu'ici le Roi s'est transporté ;
Avec un grand Seigneur on dit qu'il la marie.
MIRTIL.
O Ciel ! Expliquez-moi ce discours, je vous prie.
NICANDRE.
Ce sont des incidens grands & mystérieux.
Oui, le Roi vient chercher Mélicerte en ces lieux ;
Et l'on dit qu'autrefois feu Bélise sa mere,
Dont tout Tempé croyoit que Mopse étoit le frere...
Mais je me suis chargé de la chercher par-tout,
Vous sçaurez tout cela tantôt, de bout en bout.
MIRTIL.
Ah, Dieux, quelle rigueur ! Hé, Nicandre, Nicandre.
ACANTE.
Suivons aussi ses pas, afin de tout apprendre.

Fin du second Acte.

AVERTISSEMENT.

IL n'y avoit de Mélicerte que deux actes de faits, lorsque le Roi la demanda. Sa Majesté en ayant été satisfaite pour la fête où elle fut representée, l'Auteur ne l'a point finie.

Cette Pastorale héroïque, qui formoit la troisiéme Entrée du Ballet des Muses dansé par Sa Majesté le 2 Décembre 1666, dans le Château de Saint-Germain en Laye, fut suivie d'une Pastorale comique, espece d'impromptu mêlé de Scenes recitées, & de Scenes en Musique, avec des divertissemens & des Entrées de Ballet.

Il y a apparence que les paroles chantées, qui font partie de l'action, sont de Moliere, ainsi que l'invention du Sujet, & les Dialogues recités.

Comme votre derniere Piece n'a jamais été imprimée dans le Recueil des Œuvres de Moliere, on a jugé à propos, pour rendre l'Edition plus complette, de l'imprimer en l'état où elle est, quoiqu'il ne nous en reste que le nom des Acteurs, l'ordre des Scenes, avec les paroles qui se chantoient.

ACTEURS.

ACTEURS DE LA PASTORALE.

IRIS, Bergere.

LYCAS, riche Pasteur, Amant d'Iris.

FILENE, riche Pasteur, Amant d'Iris.

CORIDON, Berger, Confident de Lycas, Amant d'Iris.

UN PASTRE, Ami de Filene.

UN BERGER.

ACTEURS DU BALLET.

MAGICIENS, dansans.

MAGICIENS, chantans.

DEMONS, dansans.

PAYSANS.

UNE EGYPTIENNE, chantante & dansante.

EGYPTIENS, dansans.

La Scene est en Thessalie, dans un Hameau de la Vallée de Tempé.

PASTORALE COMIQUE.

SCENE PREMIERE.
LYCAS, CORIDON.

SCENE II.
LYCAS, MAGICIENS *chantans & dansans*, DÉMONS.

PREMIERE ENTRÉE DE BALLET.

(*Deux Magiciens commencent, en dansant, un enchantement pour embellir Lycas ; ils frappent la terre avec leurs baguettes, & en font sortir six Démons qui se joignent à eux. Trois Magiciens sortent aussi de dessous terre.*)

TROIS MAGICIENS CHANTANS.

Déesse des appas,
Ne nous refuse pas
La grace qu'implore nos bouches.

Nous t'en prions par tes rubans,
Par tes boucles de diamans,
Ton rouge, ta poudre, tes mouches,
Ton masque, ta coëffe & tes gants.

UN MAGICIN seul.

O toi, qui peux rendre agréables
Les visages les plus mal faits,
Répands, Vénus, de tes attraits
Deux ou trois doses charitables
Sur ce museau tondu tout frais.

LES TROIS MAGICIENS CHANTANS.

Déesse des appas,
Ne nous refuse pas
La grace qu'implore nos bouches
Nous t'en prions par tes rubans,
Par tes boucles de diamans,
Ton rouge, ta poudre, tes mouches,
Ton masque, ta coëffe & tes gants.

II. ENTRÉE DE BALLET.

(*Les six démons dansans habillent Lycas d'une maniere ridicule & bizarre.*)

LES TROIS MAGICIENS CHANTANS.

Ah! Qu'il est beau.
Le jouvenceau!
Ah! Qu'il est beau! Ah! Qu'il est beau,
Qu'il va faire mourir de belles!
Auprès de lui, les plus cruelles
Ne pourront tenir dans leur peau.
Ah! Qu'il est beau,
Le jouvenceau!
Ah, qu'il est beau! Ah, qu'il est beau!
Ho, ho, ho, ho, ho, ho, ho, ho!

PASTORALE COMIQUE.

III. ENTRÉE DE BALLET.

(Les Magiciens & les Démons continuent leurs danses, tandis que les trois Magiciens chantans continuent à se moquer de Lycas.)

LES TROIS MAGICIENS CHANTANS.

Qu'il est joli,
Gentil, poli !
Qu'il est joli ! Qu'il est joli !
Est-il des yeux qu'il ne ravisse ?
Il passe en beauté feu Narcisse,
Qui fut un blondin accompli.
Qu'il est joli,
Gentil, poli !
Qu'il est joli ! Qu'il est joli !
Hi, hi, hi, hi, hi, hi, hi, hi !

(Les trois Magiciens chantans s'enfoncent dans la terre, & les Magiciens dansans disparoissent.)

SCENE III.

LYCAS, FILENE.

FILENE *sans voir Lycas, chante.*

Paissez, cheres brebis, les herbettes naissantes,
Ces prés & ces ruisseaux ont de quoi vous charmer ;
Mais, si vous desirez vivre toujours contentes,
Petites innocentes,
Gardez-vous bien d'aimer.

LYCAS *sans voir Filene.*
(Ce Pasteur voulant faire des vers pour sa maîtresse, prononce le nom d'Iris assez haut, pour que Filene l'entende.)

FILENE à *Lycas.*
Eſt-ce toi que j'entends, téméraire ; Eſt-ce toi ?
Qui nommes la beauté qui me tient ſous ſa loi ?
LYCAS.
Oui, c'eſt moi ; oui, c'eſt moi.
FILENE.
Oſes-tu bien, en aucune façon,
Proférer ce beau nom ?
LYCAS.
Hé, pourquoi non ? Hé, pourquoi non ?
FILENE.
Iris charme mon ame ;
Et qui pour elle aura
Le moindre brin de flamme,
Il s'en repentira.
LYCAS.
Je me moque de cela,
Je me moque de cela.
FILENE.
Je t'étranglerai, mangerai,
Si tu nommes jamais ma belle.
Ce que je dis, je le ferai.
Je t'étranglerai, mangerai,
Il ſuffit que j'en ai juré ;
Quand les Dieux prendroient ta querelle,
Je t'étranglerai, mangerai,
Si tu nommes jamais ma belle.
LYCAS.
Bagatelle, bagatelle.

SCENE IV.

IRIS, LYCAS.

SCENE V.

LYCAS, UN PASTRE.

Le Pâtre apporte à Lycas un cartel de la part de Filene.

SCENE VI.

LYCAS, CORIDON.

SCENE VII.

FILENE, LYCAS.

FILENE *chante.*

Arrête, malheureux,
Tourne, tourne visage;
Et voyons qui des deux
Obtiendra l'avantage.

LYCAS.

(*Lycas hésite à se battre.*)

FILENE.

C'est par trop discourir,
Allons, il faut mourir.

SCENE VIII.
FILENE, LYCAS, PAYSAN.

(*Les Paysans viennent pour séparer Filene & Lycas.*)

IV. ENTRÉE DE BALLET.

(*Les Paysans prennent querelle, en voulant séparer les deux Pasteurs, & dansent en se battant.*)

SCENE IX.
CORIDON, LYCAS, FILENE, PAYSAN.

(*Coridon, par ses discours, trouve moyen d'appaiser la querelle des Paysans.*)

V. ENTRÉE DE BALLET.

(*Les Paysans réconciliés dansent ensemble.*)

SCENE X.
CORIDON, LYCAS, FILENE.

SCENE XI.
IRIS, CORIDON.

SCENE XII.
FILENE, LYCAS, IRIS, CORIDON.

(*Lycas, Filene, Amans de la Bergere, la preſſent de décider lequel des deux aura la préférence.*)

FILENE à Iris.

N'Attendez pas qu'ici je me vante moi-même,
Pour le choix que vous balancez ;
Vous avez des yeux, je vous aime,
C'eſt vous en dire aſſez.
(*La Bergere décide en faveur de Coridon.*)

SCENE XIII.
FILENE, LYCAS.

FILENE *chante*.

Hélas ! peut-on ſentir de plus vive douleur ?
Nous préférer un ſervile Paſteur !
O Ciel !
LYCAS *chante*.
O ſort !
FILENE.
Quelle rigueur!

LYCAS.
Quel coup ?

FILENE.
Quoi, tant de pleurs !

LYCAS.
Tant de perſévérance,

FILENE.
Tant de langueur,

LYCAS.
Tant de ſouffrance,

FILENE.
Tant de vœux.

LYCAS.
Tant de ſoins,

FILENE.
Tant d'ardeur,

LYCAS.
Tant d'amour,

FILENE.
Avec tant de mépris ſont traités en ce jour !
Ah, cruelle !

LYCAS.
Cœur dur.

FILENE.
Tigreſſe.

LYCAS.
Inexorabble,

FILENE.
Inhumaine.

LYCAS.
Inſenſible.

FILENE.
Ingrate.

LYCAS
Impitoyable.

FILENE.
Tu veux donc nous faire mourir ?

PASTORALE COMIQUE.

Il te faut contenter.

LYCAS.
Il te faut obéir.

FILENE *tirant son javelot.*
Mourons, Lycas.

LYCAS *tirant son javelot.*
Mourons, Filene.

FILENE.
Avec ce fer, finissons notre peine.

LYCAS.
Pousse.

FILENE.
Ferme.

LYCAS,
Courage.

FILENE.
Allons, va le premier.

LYCAS.
Non, je veux marcher le dernier.

FILENE.
Puisque même malheur aujourd'hui nous rassemble,
Allons, partons ensemble.

SCENE XIV.

UN BERGER, LYCAS, FILENE.

LE BERGER *chante.*

AH! Quelle folie,
De quitter la vie
Pour une beauté,
Dont on est rebuté!
On peut, pour un objet aimable,
Dont le cœur nous est favorable,
Vouloir perdre la clarté ;

PASTORALE COMIQUE.
Mais quitter la vie
Pour une beauté,
Dont on est rebuté,
Ah, quelle folie !

SCENE DERNIERE.

UNE EGYPTIENNE, EGYPTIENS *danſans.*

L'EGYPTIENNE.

D'Un pauvre cœur,
Soulagez le martyre ;
D'un pauvre cœur,
Soulagez la douleur.
J'ai beau vous dire
Ma vive ardeur,
Je vous vois rire
De ma langueur ;
Ah l'cruelle, j'expire
Sous tant de rigueur.
D'un pauvre cœur,
Soulagez le martyre ;
D'un pauvre cœur,
Soulagez la douleur.

VI. ET DERNIERE ENTRÉE DE BALLET.

Douze Egyptiens, dont quatre jouent de la guittare, quatre des caſtagnettes, quatre des gnacares, danſent avec l'Egyptienne, aux chanſons qu'elle chante.

L'EGYPTIENNE.

Croyez-moi, hâtons-nous, ma Silvie,
Uſons bien des momens précieux ;

PASTORALE COMIQUE.

Contentons ici notre envie,
De nos ans le feu nous y convie,
Nous ne sçaurions, vous & moi, faire mieux.

Quand l'hyver a glacé nos guérets
Le printems vient reprendre sa place,
Et ramene à nos champs leurs attraits;
Mais hélas! quand l'âge nous glace,
Nos beaux jours ne reviennent jamais.

Ne cherchons tous les jours qu'à nous plaire,
Soyons-y l'un & l'autre empressés;
Du plaisir faisons notre affaire,
Des chagrins songeons à nous défaire,
Il vient un tems où l'on en prend assez.

Quand l'hiver a glacé nos guérets,
Le printems vient reprendre sa place,
Et ramene à nos champs leurs attraits,
Mais, hélas! quand l'âge nous glace,
Nos beaux jours ne reviennent jamais.

F I N.

NOMS DE CEUX QUI RECITOIENT,
chantoient & danſoient dans la Paſtorale.

Iris, *Mademoiſeille de Brie*. Lycas, *le ſieur Moliere*. Filéne, *le ſieur Eſtival*. Coridon, *le ſieur de la Grange*. Un Berger, *le Sieur Blondel*. Un Pâtre, *le Sieur de Châteauneuf*.

Magiciens, danſans, *les Sieurs la Pierre, Favier*. Magiciens, chantans, *les Sieurs le Gros, Don, Gaye*. Démons, danſans, *les Sieurs Chicanneau, Bonard, Noblet le cadet, Arnal, Mayeu, Foignard*.

Payſans, *les Sieurs Dolivet, Deſonets, du Pron, la Pierre, Mercier, Peſan, le Roi*.

Egyptienne, danſante & chantante, *le Sieur Noblet l'aîné*. Egyptiens, danſans. Quatre jouant de la guittare, *les Sieurs Lulli, Beauchamps, Chicanneau, Vaignart*. Quatre jouant des Caſtagnettes, *les Sieurs Favier, Bonard, Saint André, Arnald*. Quatre jouans des gnacares, *les Sieurs la Mare, des Airs ſecond, du feu Peſan*.

LES
FOURBERIES
DE
SCAPIN,
COMÉDIE.

ACTEURS.

ARGANTE, Pere d'Octave & de Zerbinette.

GERONTE, Pere de Léandre & de Hiacinte.

OCTAVE, Fils d'Argante, & Amant de Hiacinte.

LEANDRE, Fils de Géronte, & Amant de Zerbinette.

ZERBINETTE, crue Egyptienne, & reconnue Fille d'Argante, Amante de Léandre.

HIACINTE, Fille de Géronte, & Amante d'Octave.

SCAPIN, Valet de Léandre.

SILVESTRE, Valet d'Octave.

NERINE, Nourrice d'Hiacinte.

CARLE, Ami de Scapin.

DEUX PORTEURS.

La Scene est à Naples.

LES FOURBERIES DE SCAPIN

LES FOURBERIES DE SCAPIN,
COMÉDIE.

ACTE PREMIER.

SCENE PREMIERE.
OCTAVE, SILVESTRE.

OCTAVE.

AH! fâcheuses nouvelles pour un cœur amoureux ; dures extrêmités où je me vois réduit ! Tu viens, Silvestre, d'apprendre au port, que mon pere revient ?

SILVESTRE.
Oui.

OCTAVE.
Qu'il arrive ce matin même ?

SILVESTRE.
Ce matin même.
OCTAVE.
Et qu'il revient dans la résolution de me marier ?
SILVESTRE.
Oui.
OCTAVE.
Avec une fille du Seigneur Géronte ?
SILVESTRE.
Du Seigneur Géronte.
OCTAVE.
Et que cette fille est mandée de Tarente ici pour cela ?
SILVESTRE.
Oui.
OCTAVE.
Et tu tiens ces nouvelles de mon oncle ?
SILVESTRE.
De votre oncle.
OCTAVE.
A qui mon pere les a mandées par une lettre ?
SILVESTRE.
Par une lettre.
OCTAVE.
Et cet oncle, dis-tu, sçait toutes nos affaires ?
SILVESTRE.
Toutes nos affaires.
OCTAVE.
Ah, parle si tu veux, & ne te fais point, de la sorte, arracher les mots de la bouche.
SILVESTRE.
Qu'ai-je à parler davantage ? Vous n'oubliez aucune circonstance, & vous dites les choses tout justement comme elles sont.
OCTAVE.
Conseille-moi, du moins ; & me dis ce que je dois faire dans ces cruelles conjonctures.

COMÉDIE.

SILVESTRE.

Ma foi, je m'y trouve autant embarraffé que vous; & j'aurois bon befoin que l'on me confeillât moi-même.

OCTAVE.

Je fuis affaffiné par ce maudit retour.

SILVESTRE.

Je ne le fuis pas moins.

OCTAVE.

Lorfque mon pere apprendra les chofes, je vais voir fondre fur moi un orage foudain d'impétueufes réprimandes.

SILVESTRE.

Les réprimandes ne font rien; & plût au Ciel que j'en fuffe quitte à ce prix! Mais j'ai bien la mine, pour moi, de payer plus cher vos folies, & je vois fe former, de loin un nuage de coups de bâton, qui crévera fur mes épaules.

OCTAVE.

O Ciel, par où fortir de l'embarras où je me trouve!

SILVESTRE.

C'est à quoi vous deviez fonger, avant que de vous y jetter.

OCTAVE.

Ah, tu me fais mourir par tes leçons hors de faifon!

SILVESTRE.

Vous me faites bien plus mourir par vos actions étourdies.

OCTAVE.

Que dois-je faire? Quelle réfolution prendre? A quel remède recourir?

SCENE II.

OCTAVE, SCAPIN, SILVESTRE.

SCAPIN.

Qu'eſt-ce, Seigneur Octave ? Qu'avez-vous ? Qu'y a-t-il ? Quel déſordre eſt-ce-là ? Je vous vois tout troublé.

OCTAVE.

Ah ! mon pauvre Scapin, je ſuis perdu, je ſuis deſeſpéré, je ſuis le plus infortuné de tous les hommes.

SCAPIN.

Comment ?

OCTAVE.

N'as-tu rien appris de ce qui me regarde ?

SCAPIN.

Non.

OCTAVE.

Mon pere arrive avec le Seigneur Géronte, & ils me veulent marier.

SCAPIN.

Hé bien, qu'y a-t-il-là de ſi funeſte ?

OCTAVE.

Hélas ! tu ne ſçais pas la cauſe de mon inquiétude ?

SCAPIN.

Non ; mais il ne tiendra qu'à vous que je la ſçache bientôt ; & je ſuis homme conſolatif, homme à m'intéreſſer aux affaires des jeunes gens.

OCTAVE.

Ah ! Scapin, ſi tu pouvois trouver quelque invention, forger quelque machine, pour me tirer de la peine où je ſuis, je croirois t'être redevable de plus que de la vie.

COMEDIE.
SCAPIN.

A vous dire la vérité, il y a peu de choses qui me soient impossibles, quand je m'en veux mêler. J'ai sans doute reçu du Ciel un génie assez beau pour toutes les fabriques de ces gentillesses d'esprit, de ces galanteries ingénieuses à qui le vulgaire ignorant donne le nom de fourberies ; & je puis dire, sans vanité, qu'on n'a guere vu d'homme qui fût plus habile ouvrier de ressorts & d'intrigues, qui ait acquis plus de gloire que moi dans ce noble métier. Mais, ma foi, le mérite est trop maltraité aujourd'hui ; & j'ai renoncé à toutes choses, depuis certain chagrin d'une affaire qui m'arriva.

OCTAVE.
Comment, quelle affaire, Scapin ?

SCAPIN.
Une aventure où je me brouillai avec la justice.

OCTAVE.
La justice ?

SCAPIN.
Oui. Nous eûmes un petit démêlé ensemble.

SILVESTRE.
Toi, & la justice ?

SCAPIN.
Oui. Elle en usa fort mal avec moi, & je me dépitai de telle sorte contre l'ingratitude du siecle, que je résolus de ne plus rien faire. Baste. Ne laissez pas de me conter votre aventure.

OCTAVE.
Tu sçais, Scapin, qu'il y a deux mois que le Seigneur Géronte & mon pere s'embarquerent ensemble pour un voyage qui regarde certain commerce où leurs intérêts sont mêlés.

SCAPIN.
Je sçais cela.

OCTAVE.
Et que Léandre & moi nous fûmes laissés par nos pe-

res ; moi, sous la conduite de Silvestre, & Léandre, sous ta direction.

SCAPIN.

Oui. Je me suis fort bien acquité de ma charge.

OCTAVE.

Quelque tems après, Léandre fit rencontre d'une jeune Egyptienne, dont il devint amoureux.

SCAPIN.

Je sçais cela encore.

OCTAVE.

Comme nous sommes grands amis, il me fit aussi-tôt confidence de son amour, & me mena voir cette fille, que je trouvai belle à la vérité, mais non pas tant qu'il vouloit que je la trouvasse. Il ne m'entretenoit que d'elle chaque jour, m'exagéroit à tous momens sa beauté & sa grace, me louoit son esprit, & me parloit avec transport des charmes de son entretien, dont il me rapportoit jusqu'aux moindres paroles, qu'il s'efforçoit toujours de me faire trouver les plus spirituelles du monde. Il me querelloit quelquefois de n'être pas assez sensible aux choses qu'il me venoit de dire, & me blâmoit sans cesse de l'indifférence où j'étois pour les feux de l'amour.

SCAPIN.

Je ne vois pas encore où ceci veut aller.

OCTAVE.

Un jour que je l'accompagnois pour aller chez les gens qui gardent l'objet de ses vœux, nous entendîmes, dans une petite maison d'une rue écartée, quelques plaintes mêlées de beaucoup de sanglots. Nous demandons ce que c'est ; une femme nous dit, en soupirant, que nous pouvions voir là quelque chose de pitoyable en des personnes étrangeres, & qu'à moins que d'être insensibles, nous en serions touchés.

SCAPIN.

Où est-ce que cela nous mene ?

OCTAVE.

La curiosité me fit presser Léandre de voir ce que

COMEDIE.

c'étoit. Nous entrons dans une salle, où nous voyons une vieille femme mourante, assistée d'une servante qui faisoit des regrets, & d'une jeune fille toute fondante en larmes, la plus belle & la plus touchante qu'on puisse jamais voir.

SCAPIN.
Ah, ah!

OCTAVE.
Une autre auroit paru effroyable en l'état où elle étoit; car elle n'avoit pour habillement qu'une méchante petite juppe, avec des brassieres de nuit, qui étoient de simple futaine; & sa coëffure étoit une cornette jaune, retroussée au haut de sa tête, qui laissoit tomber en désordre ses cheveux sur ses épaules; & cependant, faite comme cela, elle brilloit de mille attraits, & ce n'étoit qu'agrémens & que charmes, que toute sa personne.

SCAPIN.
Je sens venir les choses.

OCTAVE.
Si tu l'avois vue, Scapin, en l'état que je dis, tu l'aurois trouvée admirable.

SCAPIN.
Oh, je n'en doute point, &, sans l'avoir vue, je vois bien qu'elle étoit tout-à-fait charmante!

OCTAVE.
Ces larmes n'étoient point de ces larmes désagréables, qui défigurent un visage; elle avoit à pleurer une grace touchante, & sa douleur étoit la plus belle du monde.

SCAPIN.
Je vois tout cela.

OCTAVE.
Elle faisoit fondre chacun en larmes, en se jettant amoureusement sur le corps de cette mourante, qu'elle appelloit sa chere mere; & il n'y avoit personne qui n'eût l'ame percée de voir un si bon naturel.

SCAPIN.

En effet, cela est touchant, & je vois bien que ce bon naturel-là vous la fit aimer.

OCTAVE.

Ah, Scapin, un barbare l'auroit aimée!

SCAPIN.

Assurément. Le moyen de s'en empêcher?

OCTAVE.

Après quelques paroles, dont je tâchai d'adoucir la douleur de cette charmante affligée, nous sortîmes delà, & demandant à Léandre ce qu'il lui sembloit de cette personne, il me répondit froidement qu'il la trouvoit assez jolie. Je fus piqué de la froideur avec laquelle il m'en parloit, & je ne voulus point lui découvrir l'effet que ses beautés avoient fait sur mon ame.

SILVESTRE *à Octave*.

Si vous n'abregez ce recit, nous en voilà pour jus-
(*à Scapin.*)
qu'à demain. Laissez-le moi finir en deux mots. Son cœur prend feu dès ce moment, il ne sçauroit plus vivre, qu'il n'aille consoler son aimable affligée. Ses fréquentes visites sont rejettées de la servante, dévenue la gouvernante par le trépas de la mere. Voilà mon homme au désespoir. Il presse, supplie, conjure; point d'affaire. On lui dit que la fille, quoique sans bien & sans appui, est de famille honnête: & qu'à moins que de l'épouser, on ne peut souffrir ses poursuites. Voilà son amour augmenté par les difficultés. Il consulte dans sa tête, agite, raisonne, balance, prend sa résolution : le voilà marié avec elle depuis trois jours.

SCAPIN.

J'entends.

SILVESTRE.

Maintenant mets avec cela le retour imprévu du pere qu'on attendoit que dans deux mois, la découverte que l'oncle a faite du secret de notre mariage, &

l'autre mariage qu'on veut faire de lui avec la fille que le Seigneur Géronte a eue d'une seconde femme qu'on dit qu'il a épousée à Tarente.

OCTAVE.

Et par-dessus tout cela, mets encore l'indigence où se trouve cette aimable personne, & l'impuissance où je me vois d'avoir de quoi la secourir.

SCAPIN.

Est-ce là tout ? Vous voilà bien embarrassés tous deux pour une bagatelle. C'est bien de quoi se tant alarmer. N'as-tu point de honte, toi, de demeurer court à si peu de chose ? Que diable, te voilà grand & gros comme pere & mere, & tu ne sçaurois trouver dans ta tête, forger dans ton esprit quelque ruse galante, quelque honnête petit stratagême, pour ajuster vos affaires ? Fi. Peste soit du butord ! Je voudrois bien que l'on m'eût donné autrefois nos vieillards à duper, je les aurois joués tous deux par-dessous la jambe ; & je n'étois pas plus grand que cela, que je me signalois déjà par cent tours d'adresse jolis.

SILVESTRE.

J'avoue que le Ciel ne m'a pas donné tes talens, & que je n'ai pas l'esprit, comme toi, de me brouiller avec la justice.

OCTAVE.

Voici mon aimable Hiacinte.

SCENE III.

HIACINTE, OCTAVE, SCAPIN, SILVESTRE.

HIACINTE.

AH ! Octave, est-il vrai ce que Silvestre vient de dire à Nérine, que votre pere est de retour, & qu'il veut vous marier ?

OCTAVE.

Oui, belle Hiacinte, & ces nouvelles m'ont donné une atteinte cruelle. Mais que vois-je, vous pleurez ! Pourquoi ces larmes ? Me soupçonnez-vous, dites-moi, de quelque infidélité, & n'êtes-vous pas assurée de l'amour que j'ai pour vous ?

HIACINTE.

Oui, Octave, je suis sûre que vous m'aimez ; mais je ne le suis pas que vous m'aimiez toujours.

OCTAVE.

Hé, peut-on vous aimer, qu'on ne vous aime toute sa vie ?

HIACINTE.

J'ai ouï dire, Octave, que votre sexe aime moins long-tems que le nôtre, & que les ardeurs que les hommes font voir, sont des feux qui s'éteignent aussi facilement qu'ils naissent.

OCTAVE.

Ah, ma chere Hiacinte, mon cœur n'est donc pas fait comme celui des autres hommes, & je sens bien, pour moi, que je vous aimerai jusqu'au tombeau.

HIACINTE.

Je veux croire que vous sentez ce que vous dites, & je ne doute point que vos paroles ne soient sinceres, mais je crains un pouvoir qui combattra dans votre cœur les tendres sentimens que vous pouvez avoir pour moi. Vous dépendez d'un pere, qui veut vous marier à une autre personne ; & je suis sûre que je mourrai si ce malheur m'arrive.

OCTAVE.

Non, belle Hiacinte, il n'y a point de pere qui puisse me contraindre à vous manquer de foi, & je me résoudrai à quitter mon pays, & le jour même, s'il est besoin, plutôt qu'à vous quitter. J'ai déjà pris, sans l'avoir vue, une aversion effroyable pour celle que l'on me destine ; &, sans être cruel, je souhaiterois que la mer l'écartât d'ici pour jamais. Ne pleurez donc point, je vous prie, mon aimable Hiacinte, car vos larmes me tuent, & je ne les puis voir sans me sentir percer le cœur.

HIACINTE.

Puisque vous le voulez, je veux bien essuyer mes pleurs, & j'attendrai d'un œil constant ce qu'il plaira au Ciel de résoudre de moi.

OCTAVE.

Le Ciel nous sera favorable.

HIACINTE.

Il ne sçauroit m'être contraire, si vous m'êtes fidele.

OCTAVE.

Je le serai assurément.

HIACINTE.

Je serai donc heureuse.

SCAPIN *à part*.

Elle n'est point tant sotte, ma foi, & je la trouve assez passable.

OCTAVE *montrant Scapin*.

Voici un homme qui pourroit bien, s'il le vouloit, nous être, dans tous nos besoins, d'un secours merveilleux.

SCAPIN.

J'ai fait de grands sermens de ne me mêler plus du monde; mais, si vous m'en priez bien fort tous deux, peut-être......

OCTAVE.

Ah, s'il ne tient qu'à te prier bien fort pour obtenir ton aide, je te conjure de tout mon cœur de prendre la conduite de notre barque.

SCAPIN *à Hiacinte*.

Et, vous, ne dites-vous rien?

HIACINTE.

Je vous conjure, à son exemple, par tout ce qui vous est le plus cher au monde, de vouloir servir notre amour.

SCAPIN.

Il faut se laisser vaincre, & avoir de l'humanité. Allez, je veux m'employer pour vous.

OCTAVE.

Crois que.....

SCAPIN.

(à Octave.) (à Hiacinte.)
Chut. Allez-vous-en, vous, & soyez en repos.

SCENE IV.

OCTAVE, SCAPIN, SILVESTRE.

SCAPIN à Octave.

ET vous, préparez-vous à soutenir avec fermeté l'abord de votre pere.

OCTAVE.

Je t'avoue que cet abord me fait trembler par avance, & j'ai une timidité naturelle que je ne sçaurois vaincre.

SCAPIN.

Il faut pourtant paroître ferme au premier choc, de peur que, sur votre foiblesse, il ne prenne le pied de vous mener comme un enfant. Là, tâchez de vous composer par étude. Un peu de hardiesse, & songez à répondre résolument sur ce qu'il vous pourra dire.

OCTAVE.

Je ferai du mieux que je pourrai.

SCAPIN.

Ça, essayons un peu, pour vous accoutumer. Répétons un peu votre rôle, & voyons si vous ferez bien. Allons. La mine résolue, la tête haute, les regards assurés.

OCTAVE.

Comme cela ?

SCAPIN.

Encore un peu davantage.

OCTAVE.

Ainsi ?

COMÉDIE.
SCAPIN.

Bon. Imaginez-vous que fuis votre pere qui arrive, & répondez-moi fermement comme fi c'étoit à lui-même. Comment, pendard, vaurien, infame, fils indigne d'un pere comme moi, ofes-tu paroître devant mes yeux après tes bons déportemens, après le lâche tour que tu m'as joué pendant mon abfence ? Eft-ce-là le fruit de mes foins, maraud ? Eft-ce-là le fruit de mes foins, le refpect qui m'eft dû, le refpect que tu me conferves ? Allons donc. Tu as l'infolence, fripon, de t'engager fans le confentetement de ton pere, de contracter un mariage clandeftin ? Réponds-moi, coquin, réponds-moi. Voyons un peu tes belles raifons. Oh, que diable, vous demeurez interdit !

OCTAVE.
C'eft que je m'imagine que c'eft mon pere que j'entends.

SCAPIN.
Hé, oui. C'eft par cette raifon qu'il ne faut pas être comme un innocent.

OCTAVE.
Je m'en vais prendre plus de réfolution, & je répondrai fermement.

SCAPIN.
Affurément ?

OCTAVE.
Affurément.

SILVESTRE.
Voilà votre pere qui vient.

OCTAVE.
O Ciel, je fuis perdu !

SCÈNE V.

SCAPIN, SILVESTRE.

SCAPIN.

HOlà, Octave, demeurez; Octave. Le voilà enfui. Quelle pauvre espece d'homme ! Ne laissons pas d'attendre le vieillard.

SILVESTRE.

Que lui dirai-je ?

SCAPIN.

Laisse-moi dire, moi, & ne fais que me suivre.

SCÈNE VI.

ARGANTE, SCAPIN, & SILVESTRE dans le fond du Théatre.

ARGANTE se croyant seul.

A-T-on jamais oui parler d'une action pareille à celle-là ?

SCAPIN à Silvestre.

Il a déjà appris l'affaire, & elle lui tient si fort en tête, que, tout seul, il en parle haut.

ARGANTE se croyant seul.

Voilà une témérité bien grande.

SCAPIN à Sylvestre.

Ecoutons-le un peu.

ARGANTE se croyant seul.

Je voudrois bien sçavoir ce qu'ils me pourront dire sur ce beau mariage.

SCAPIN à part.

Nous y avons songé.

COMEDIE.

ARGANTE *se croyant seul.*
Tâcheront-ils de me nier la chose ?
SCAPIN *à part.*
Non, nous n'y pensons pas.
ARGANTE *se croyant seul.*
Ou s'ils entreprendront de l'excuser ?
SCAPIN *à part.*
Celui-là se pourra faire.
ARGANTE *se croyant seul.*
Prétendront-ils m'amuser par des contes en l'air ?
SCAPIN *à part.*
Peut-être.
ARGANTE *se croyant seul.*
Tous leurs discours seront inutiles.
SCAPIN *à part.*
Nous allons voir.
ARGANTE *se croyant seul.*
Ils ne m'en donnerons point à garder.
SCAPIN *à part.*
Ne jurons de rien.
ARGANTE *se croyant seul.*
Je sçaurai mettre mon pendard de fils en lieu de sûreté.
SCAPIN *à part.*
Nous y pourvoirons.
ARGANTE *se croyant seul.*
Et pour le coquin de Silvestre je le rouerai de coups.
SILVESTRE *à Scapin.*
J'étois bien étonné, s'il m'oublioit.
ARGANTE *appercevant Silvestre.*
Ah, ah, vous voilà donc, sage gouverneur de famille, beau directeur de jeunes gens !
SCAPIN.
Monsieur, je suis ravi de vous voir de retour.
ARGANTE.
Bon jour, Scapin. (*à Silvestre.*) Vous avez suivi mes ordres, vraiment, d'une belle maniere ; & mon fils s'est comporté fort sagement pendant mon absence.

SCAPIN.
Vous vous portez bien, à ce que je vois.
ARGANTE.
Assez bien. (*à Silvestre.*) Tu ne dis mot, coquin, tu ne dis mot.
SCAPIN.
Votre voyage a-t-il été bon ?
ARGANTE.
Mon Dieu, fort bon. Laisse-moi un peu quereller en repos.
SCAPIN.
Vous voulez quereller ?
ARGANTE.
Oui, je veux quereller.
SCAPIN.
Et qui, Monsieur ?
ARGANTE *montrant Silvestre.*
Ce maraud-là.
SCAPIN.
Pourquoi ?
ARGANTE.
Tu n'as pas oui parler de ce qui s'est passé dans mon absence ?
SCAPIN.
J'ai bien oui parler de quelque petite chose.
ARGANTE.
Comment, quelque petite chose ? Une action de cette nature ?
SCAPIN.
Vous avez quelque raison.
ARGANTE.
Une hardiesse pareille à celle-là ?
SCAPIN.
Cela est vrai.
ARGANTE.
Un fils qui se marie sans le consentement de son pere ?
SCAPIN.
Oui, il y a quelque chose à dire à cela. Mais je serois d'avis que vous ne fissiez point de bruit.

COMÉDIE.

ARGANTE.

Je ne suis pas de cet avis, moi, & je veux faire du bruit tout mon saoul. Quoi, tu ne trouves pas que j'aie tous les sujets du monde d'être en colere ?

SCAPIN.

Si-fait. J'y ai d'abord été, moi, lorsque j'ai sçu la chose, & je me suis intéressé pour vous, jusqu'à quereller votre fils. Demandez-lui un peu quelles belles réprimandes je lui ai faites, & comme je l'ai chapitré sur le peu de respect qu'il gardoit à un pere, dont il devoit baiser les pas. On ne peut pas lui mieux parler, quand ce seroit vous-même. Mais quoi, je me suis rendu à la raison, & j'ai considéré que, dans le fond, il n'a pas tant de tort qu'on pourroit croire.

ARGANTE.

Que me viens-tu conter ? Il n'a pas tant de tort de s'aller marier de but en blanc avec une inconnue ?

SCAPIN.

Que voulez-vous, il y a été poussé par sa destinée.

ARGANTE.

Ah, ah ! voici une raison la plus belle du monde ; on n'a plus qu'à commettre tous les crimes imaginables, tromper, voler, assassiner, & dire pour excuse, qu'on y a été poussé par sa destinée.

SCAPIN.

Mon Dieu, vous prenez mes paroles trop en Philosophe ! Je veux dire qu'il s'est trouvé fatalement engagé dans cette affaire.

ARGANTE.

Et pourquoi s'y engageoit-il ?

SCAPIN.

Voulez-vous qu'il soit aussi sage que vous ? Les jeunes gens sont jeunes, & n'ont pas toujours la prudence qu'il leur faudroit, pour ne rien faire que de raisonnable ; témoin notre Léandre, qui, malgré toutes mes leçons, malgré toutes mes remontrances, est allé faire de son côté pis encore que votre fils. Je voudrois bien sçavoir si vous-même n'avez pas été jeune, & n'avez pas dans votre tems fait des fredaines comme les autres. J'ai ouï dire, moi, que vous avez été autrefois un bon compagnon parmi les femmes ; que vous faisiez de votre drôle avec les plus galantes de ce tems-là, & que vous n'en approchiez point, que vous ne poussassiez à bout.

ARGANTE.

Cela est vrai, j'en demeure d'accord ; mais je m'en suis toujours tenu à la galanterie, & je n'ai point été jusqu'à faire ce qu'il a fait.

SCAPIN.

Que vouliez-vous qu'il fît ? Il voit une jeune personne qui lui veut du bien, (car il tient de vous d'être aimé de toutes les femmes), il la trouve charmante, il lui rend des visites, il lui conte des douceurs, soupire galamment, fait le passionné. Elle se rend à sa poursuite. Il pousse sa fortune. Le voilà surpris avec elle par ses parens, qui, la force à la main, le contraignent de l'épouser.

SILVESTRE à part.

L'habile fourbe que voilà !

SCAPIN.

Eussiez-vous voulu qu'il se fût laissé tuer ? Il vaut mieux encore être marié, qu'être mort.

ARGANTE.

On ne m'a pas dit que l'affaire se soit ainsi passée.

SCAPIN montrant Silvestre.

Demandez-lui plutôt. Il ne vous dira pas le contraire.

ARGANTE à Silvestre.

C'est par force qu'il a été marié ?

SILVESTRE.

Oui, Monsieur.

SCAPIN.

Voudrois-je vous mentir ?

ARGANTE.

Il devoit donc aller tout aussi-tôt protester de violence chez un Notaire.

SCAPIN.
C'est ce qu'il n'a pas voulu faire.
ARGANTE.
Cela m'auroit donné plus de facilité à rompre ce mariage.
SCAPIN.
Rompre ce mariage ?
ARGANTE.
Oui.
SCAPIN.
Vous ne le romprez point.
ARGANTE.
Je ne le romprai point ?
SCAPIN.
Non.
ARGANTE.
Quoi ! je n'aurai pas pour moi les droits de pere, & la raison de la violence qu'on a faite à mon fils ?
SCAPIN.
C'est une chose dont il ne demeurera pas d'accord.
ARGANTE.
Il n'en demeurera pas d'accord ?
SCAPIN.
Non.
ARGANTE.
Mon fils ?
SCAPIN.
Votre fils. Voulez-vous qu'il confesse qu'il ait été capable de crainte, & que ce soit par force qu'on lui ait fait faire les choses ? il n'a garde d'aller avouer cela. Ce seroit se faire tort, & se montrer indigne d'un pere comme vous.
ARGANTE.
Je me moque de cela.
SCAPIN.
Il faut, pour son honneur & pour le vôtre, qu'il dise dans le monde que c'est de bon gré qu'il l'a épousée.

ARGANTE.

Et je veux, moi, pour mon honneur & pour le sien, qu'il dise le contraire.

SCAPIN.

Non, je suis sûr qu'il ne le fera pas.

ARGANTE.

Je l'y forcerai bien.

SCAPIN.

Il ne le fera pas, vous dis-je.

ARGANTE.

Il le fera, ou je le deshériterai.

SCAPIN.

Vous?

ARGANTE.

Moi.

SCAPIN.

Bon.

ARGANTE.

Comment, bon?

SCAPIN.

Vous ne le deshériterez point.

ARGANTE.

Je ne le deshériterai point?

SCAPIN.

Non.

ARGANTE.

Non?

SCAPIN.

Non.

ARGANTE.

Ouais, voici qui est plaisant! je ne deshériterai point mon fils?

SCAPIN.

Non, vous dis-je.

ARGANTE.

Qui m'en empêchera.

SCAPIN.

Vous-même.

COMEDIE.

ARGANTE.
Moi?
SCAPIN.
Oui. Vous n'aurez pas ce cœur-là.
ARGANTE.
Je l'aurai.
SCAPIN.
Vous, vous moquez.
ARGANTE.
Je ne me moque point.
SCAPIN.
La tendreſſe paternelle fera ſon office.
ARGANTE.
Elle n'en fera rien.
SCAPIN.
Oui, oui.
ARGANTE.
Je vous dis que cela ſera.
SCAPIN.
Bagatelles.
ARGANTE.
Il ne faut point dire, bagatelles.
SCAPIN.
Mon Dieu, je vous connois, vous êtes bon naturellement?
ARGANTE.
Je ne ſuis point bon, & je ſuis méchant quand je veux. Finiſſons ce diſcours qui m'échauffe la bile. (à Silveſtre.) Va-t-en, pendard, va-t-en, me chercher mon fripon, tandis que j'irai rejoindre le Seigneur Géronte, pour lui conter ma diſgrace.
SCAPIN.
Monſieur, ſi je vous puis être utile en quelque choſe, vous n'avez qu'à me commander.
ARGANTE. (à part.)
Je vous remercie. Ah! pourquoi faut-il qu'il ſoit fils unique, & que n'ai-je à cette heure la fille que le Ciel m'a ôtée pour la faire mon héritiere!

SCENE VII.
SILVESTRE, SCAPIN.
SILVESTRE.

J'Avoue que tu es un grand homme, & voilà l'affaire en bon train ; mais l'argent d'autre part nous presse pour notre subsistance ; & nous avons, de tous côtés, des gens qui aboient après nous.
SCAPIN.
Laisse-moi faire, la machine est trouvée. Je cherche seulement dans ma tête un homme qui nous soit affidé, pour jouer un personnage dont j'ai besoin. Attends. Tiens-toi un peu. Enfonce ton bonnet en méchant garçon. Campte-toi sur un pied. Mets la main au côté. Fais les yeux furibons. Marche un peu en Roi de Théatre. Voilà qui est bien. Suis-moi. J'ai des secrets pour déguiser ton visage & ta voix.
SILVESTRE.
Je te conjure au moins, de ne m'aller point brouiller avec la justice.
SCAPIN.
Va, va, nous partagerons les périls en freres ; & trois ans de galere de plus, ou de moins, ne font pas pour arrêter un noble cœur.

Fin du premier Acte.

ACTE II.

SCENE PREMIERE.
GERONTE, ARGANTE.
GERONTE.

Oui, sans doute, par le tems qu'il fait, nous aurons ici nos gens aujourd'hui; & un Matelot qui vient de Tarente, m'a assuré qu'il avoit vu mon homme qui étoit prêt de s'embarquer. Mais l'arrivée de ma fille trouvera les choses mal disposées à ce que nous nous proposions, & ce que vous venez de m'apprendre de votre fils, rompt étrangement les mesures que nous avions prises ensemble.

ARGANTE.
Ne vous mettez pas en peine, je vous réponds de renverser tout cet obstacle, & j'y vais travailler de ce pas.

GERONTE.
Ma foi, Seigneur Argante, voulez-vous que je vous dise ? l'éducation des enfans est une chose à quoi il faut s'attacher fortement.

ARGANTE.
Sans doute. A quel propos cela ?

GERONTE.
A propos de ce que les mauvais déportemens des jeunes gens viennent le plus souvent de la mauvaise éducation que leurs peres leur donnent.

ARGANTE.
Cela arrive par fois. Mais que voulez-vous dire par-là ?

GERONTE.
Ce que je veux dire par-là ?

ARGANTE.
Oui.

GERONTE.
Que, si vous aviez, en brave pere, bien moriginé votre fils, il ne vous auroit pas joué le tour qu'il vous a fait.

ARGANTE.
Fort bien. De sorte donc que vous avez bien mieux moriginé le vôtre ?

GERONTE.
Sans doute ; & je serois bien fâché qu'il m'eût rien fait approchant de cela.

ARGANTE.
Et si ce fils, que vous avez en brave pere si bien morigné, avoit fait pis encore, que le mien ! Hé ?

GERONTE.
Comment ?

ARGANTE.
Comment ?

GERONTE.
Qu'est-ce que cela veut dire ?

ARGANTE.
Cela veut dire, Seigneur Géronte qu'il ne faut pas être si prompt à condamner la conduite des autres ; & que ceux qui veulent gloser, doivent bien regarder chez eux s'il n'y a rien qui cloche.

GERONTE.
Je n'entends point cette énigme.

ARGANTE.
On vous l'expliquera.

GERONTE.
Est-ce que vous auriez oui-dire quelque chose de mon fils ?

ARGANTE.
Cela se peut faire.

GERONTE.

COMEDIE.

GERONTE.
Et quoi encore ?
ARGANTE.
Votre Scapin, dans mon dépit, ne m'a dit la chose qu'en gros, & vous pourrez de lui, ou de quelque autre, être instruit du détail. Pour moi, je vais vîte consulter un Avocat, & aviser des biais que j'ai à prendre. Jusqu'au revoir.

SCENE II.
GERONTE seul.

Que pourroit-ce être que cette affaire-ci ? Pis encore que le sien ! Pour moi, je ne vois pas ce que l'on peut faire de pis ; & je trouve que se marier sans le consentement de son pere, est une action qui passe tout ce qu'on peut s'imaginer.

SCENE III.
GERONTE, LEANDRE.
GERONTE.

Ah, vous voilà !
LEANDRE *courant à Géronte pour l'embrasser.*
Ah, mon pere, que j'ai de joie de vous voir de retour !
GERONTE *refusant d'embrasser Léandre.*
Doucement. Parlons un peu d'affaire.
LEANDRE.
Souffrez que je vous embrasse, & que...
GERONTE *le repoussant encore.*
Doucement, vous dis-je.

LEANDRE.

Quoi ! Vous me refufez, mon pere, de vous exprimer mon tranfport par mes embraffemens ?

GERONTE.

Oui. Nous avons quelque chofe à démêler enfemble.

LEANDRE.

Et quoi ?

GERONTE.

Tenez-vous que je vous voie en face.

LEANDRE.

Comment ?

GERONTE.

Regardez-moi entre deux yeux.

LEANDRE.

Hé bien ?

GERONTE.

Qu'eft-ce donc qui s'eft paffé ici ?

LEANDRE.

Ce qui s'eft paffé ?

GERONTE.

Oui. Qu'avez-vous fait pendant mon abfence ?

LEANDRE.

Que voulez-vous, mon pere, que j'aie fait ?

GERONTE.

Ce n'eft pas moi qui veut que vous ayiez fait, mais qui demande ce que c'eft que vous avez fait ?

LEANDRE.

Moi, je n'ai fait aucune chofe dont vous ayiez lieu de vous plaindre !

GERONTE.

Aucune chofe ?

LEANDRE.

Non.

GERONTE.

Vous êtes bien réfolu.

LEANDRE.

C'eft que je fuis sûr de mon innocence.

COMEDIE.
GERONTE.
Scapin pourtant a dit de vos nouvelles.
LEANDRE.
Scapin ?
GERONTE.
Ah, ah, ce mot vous fait rougir !
LEANDRE.
Il vous a dit quelque chose de moi ?
GERONTE.
Ce lieu n'est pas tout-à-fait propre à vuider cette affaire, & nous allons l'examiner ailleurs. Qu'on se rende au logis ; j'y vais revenir tout-à-l'heure. Ah, traître, s'il faut que tu me déshonores, je te renonce pour mon fils ; & tu peux bien, pour jamais, te résoudre à fuir de ma presence.

SCENE IV.
LEANDRE seul.

ME trahir de cette maniere ! Un coquin qui doit par cent raisons être le premier à cacher les choses que je lui confie, est le premier à les aller découvrir à mon pere. Ah, je jure le Ciel que cette trahison ne demeurera pas impunie.

SCENE V.
OCTAVE, LEANDRE, SCAPIN.
OCTAVE.

MOn cher Scapin, que ne dois-je point à tes soins ! Que tu es un homme admirable, & que le Ciel m'est favorable de t'envoyer à mon secours !

D 2

LES FOURBERIES DE SCAPIN,

LEANDRE.

Ah, ah, vous voilà ! Je suis ravi de vous trouver, Monsieur le coquin.

SCAPIN.

Monsieur votre serviteur. C'est trop d'honneur que vous me faites.

LEANDRE *mettant l'épée à la main.*

Vous faites le méchant plaisant. Ah, je vous apprendrai !...

SCAPIN *se mettant à genoux.*

Monsieur.

OCTAVE *se mettant entre deux, pour empêcher Léandre de frapper Scapin.*

Ah, Léandre !

LEANDRE.

Non, Octave ne me retenez point, je vous prie.

SCAPIN *à Léandre.*

Hé, Monsieur.

OCTAVE *retenant Léandre.*

De grace.

LEANDRE *voulant frapper Scapin.*

Laissez-moi contenter mon ressentiment.

OCTAVE.

Au nom de l'amitié, Léandre, ne le maltraitez point.

SCAPIN.

Monsieur, que vous ai-je fait ?

LEANDRE *voulant frapper Scapin.*

Ce que tu m'as fait, traître ?

OCTAVE *retenant encore Léandre.*

Hé, doucement.

LEANDRE.

Non, Octave, je veux qu'il me confesse lui-même, tout-à-l'heure, la perfidie qu'il m'a faite. Oui, coquin je sçais le trait que tu m'as joué, on vient de me l'apprendre, & tu ne croyois pas peut-être que l'on me dût révéler ce secret ; mais je veux en avoir la confession de ta propre bouche, ou je vais te passer cette épée au travers du corps.

COMEDIE.

SCAPIN.
Ah, Monsieur, auriez-vous bien ce cœur-là.

LEANDRE.
Parle donc.

SCAPIN.
Je vous ai fait quelque chose, Monsieur ?

LEANDRE.
Oui, coquin, & ta conscience ne te dit que trop ce que c'est.

SCAPIN.
Je vous assure que je l'ignore.

LEANDRE *s'avançant pour frapper Scapin.*
Tu l'ignores !

OCTAVE *retenant Léandre.*
Léandre.

SCAPIN.
Hé bien, Monsieur, puisque vous le voulez, je vous confesse que j'ai bû avec mes amis ce petit quarteau de vin d'Espagne dont on vous fit present il y a quelques jours ; & que c'est moi qui fis une fente au tonneau, & répandis de l'eau autour, pour faire croire que le vin s'étoit échappé.

LEANDRE.
C'est toi, pendard, qui m'as bu mon vin d'Espagne, & qui as été cause que j'ai tant querellé la servante, croyant que c'étoit elle qui m'avoit fait le tour ?

SCAPIN.
Oui, Monsieur. Je vous en demande pardon.

LEANDRE.
Je suis bien-aise d'apprendre cela ; mais ce n'est pas l'affaire dont il est question maintenant.

SCAPIN.
Ce n'est pas cela, Monsieur ?

LEANDRE.
Non. C'est une autre affaire encore qui me touche bien plus, & je veux que tu me la dises.

78 LES FOURBERIES DE SCAPIN,

SCAPIN.

Monsieur, je ne me souviens pas d'avoir fait autre chose.

LEANDRE *voulant frapper Scapin.*

Tu ne veux pas parler?

SCAPIN.

Hé !

OCTAVE *retenant Léandre.*

Tout doux.

SCAPIN.

Oui, Monsieur, il est vrai qu'il y a trois semaines que vous m'envoyâtes porter le soir une petite montre à la jeune Egyptienne que vous aimez. Je revins au logis, mes habits tout couverts de boue, & le visage tout plein de sang, & vous dis que j'avois trouvé des voleurs qui m'avoient bien battu, & m'avoient dérobé la montre. C'étoit moi, Monsieur, qui l'avois retenue.

LEANDRE.

C'est toi qui a retenu ma montre?

SCAPIN.

Oui, Monsieur, afin de voir quelle heure il est.

LEANDRE.

Ah, ah, j'apprends de jolies choses, & j'ai un serviteur fort fidèle vraiment ! Mais ce n'est pas cela encore que je demande.

SCAPIN.

Ce n'est pas cela ?

LEANDRE.

Non, infame, c'est autre chose encore que je veux que tu me confesses.

SCAPIN *à part.*

Peste !

LEANDRE.

Parle vîte, j'ai hâte.

SCAPIN.

Monsieur, voilà tout ce que j'ai fait.

COMEDIE.

LEANDRE *voulant fraper Scapin.*
Voilà tout ?
OCTAVE *se mettant au-devant de Léandre.*
Hé !

SCAPIN.
Hé bien, oui, Monsieur. Vous vous souvenez de ce loup-garou, il y a six mois, qui vous donna tant de coups de bâton la nuit, & vous pensa faire rompre le cou dans une cave où vous tombâtes, en fuyant.

LEANDRE.
Hé bien ?

SCAPIN.
C'étoit moi, Monsieur, qui faisoit le loup-garou.

LEANDRE.
C'étoit toi, traître, qui faisoit le loup-garou ?

SCAPIN.
Oui, Monsieur, seulement pour vous faire peur, & vous ôter l'envie de nous faire courir toutes les nuits comme vous aviez de coutume.

LEANDRE.
Je sçaurai me souvenir, en tems & lieu, de tout ce que je viens d'apprendre. Mais je veux venir au fait, & que tu me confesses ce que tu as dit mon pere ?

SCAPIN.
A vorre pere ?

LEANDRE.
Oui, fripon, à mon pere.

SCAPIN.
Je ne l'ai pas seulement vu depuis son retour.

LEANDRE.
Tu ne l'as pas vu ?

SCAPIN.
Non, Monsieur.

LEANDRE.
Assurément ?

SCAPIN.
Assurément. C'est une chose que je vais vous faire dire par lui-même.

LES FOURBERIES D'ESCAPIN,

LEANDRE.

C'est de sa bouche que je le tiens pourtant...

SCAPIN.

Avec votre pormission, il n'a pas dit la vérité.

SCENE VI.

LEANDRE, OCTAVE, CARLE, SCAPIN.

CARLE.

Monsieur, je vous apporte une nouvelle qui est fâcheuse pour votre amour.

LEANDRE.

Comment ?

CARLE.

Vos Egyptiens sont sur le point de vous enlever Zerbinette, & elle-même, les larmes aux yeux, m'a chargé de venir promptement vous dire que, si dans deux heures vous ne songez à leur porter l'argent qu'ils vous ont demandé pour elle, vous l'allez perdre pour jamais.

LEANDRE.

Dans deux heures ?

CARLE.

Dans deux heures.

SCENE VII.

LEANDRE, OCTAVE, SCAPIN.

LEANDRE.

Ah, mon Pauvre Scapin, j'implore ton secours !

SCAPIN *se levant & passant fièrement devant Léandre.*

Ah, mon pauvre Sapin ! Je suis mon pauvre Scapin à cette heure qu'on a besoin de moi.

COMEDIE.

LEANDRE.
Va, je te pardonne tout ce que tu viens de me dire, & pis encore si tu me l'as fait.

SCAPIN.
Non non, ne me pardonnez rien. Passez-moi votre épée au travars du corps. Je serai ravi que vous me tuiez.

LEANDRE.
Non. Je te conjure plutôt de me donner la vie, en servant mon amour.

SCAPIN.
Point, point, vous ferez mieux de me tuer.

LEANDRE.
Tu m'es trop précieux ; & je te prie de vouloir employer pour moi ce génie admirable, qui vient à bout de toute chose.

SCAPIN.
Non, tuez-moi, vous dis-je.

LEANDRE.
Ah, de grace, ne songe plus à tout cela, & pense à me donner le secours que je te demande !

OCTAVE.
Scapin, il faut faire quelque chose pour lui.

SCAPIN.
Le moyen, après une avanie de la sorte ?

LEANDRE.
Je te conjure d'oublier mon emportement, & de me prêter ton adresse.

OCTAVE.
Je joint mes prieres aux siennes.

SCAPIN.
J'ai cette insulte-là sur le cœur.

OCTAVE.
Il faut quitter ton ressentiment.

LEANDRE.
Voudrois-tu m'abandonner, Scapin, dans la cruelle extrémité où se voit mon amour.

D 5

SCAPIN.
Me venir faire, à l'improviste, un affront comme celui-là !
LEANDRE.
J'ai tort, je le confesse.
SCAPIN.
Me traiter de coquin, de fripon, de pendard, d'infame !
LEANDRE.
J'en ai tous les regrets du monde.
SCAPIN.
Me vouloir passer son épée au travers du corps !
LEANDRE.
Je t'en demande pardon de tout mon cœur ; & , s'il ne tient qu'à me jetter à tes genoux, tu m'y vois, Scapin, pour te conjurer encore une fois de ne me point abandonner.
OCTAVE.
Ah, ma foi, Scapin, il faut se rendre à cela.
SCAPIN.
Levez-vous. Une autre fois ne soyez pas si prompt.
LEANDRE.
Me promets-tu de travailler pour moi ?
SCAPIN.
On y songera.
LEANDRE.
Mais tu sçais que le tems presse.
SCAPIN.
Ne vous mettez pas en peine. Combien est-ce qu'il vous faut ?
LEANDRE.
Cinq cens écus.
SCAPIN.
Et à vous ?
OCTAVE.
Deux cens pistoles.
SCAPIN.
Je veux tirer cet argent de vos peres.

COMEDIE.

(*à Octave.*)

Pour ce qui est du vôtre, la machine est déjà toute

(*à Léandre.*)

trouve ; &, quant au vôtre, bien qu'avare au dernier degré, il y faudra moins de façon encore ; car vous sçavez que, pour l'esprit, il n'en a pas, grace à Dieu, grande provision, & je le livre pour une espece d'homme à qui l'on fera toujours croire tout ce que l'on voudra. Cela ne vous offense point, il ne tombe entre vous & lui aucun soupçon de ressemblance ; & vous sçavez assez l'opinion de tout le monde, qui veut qu'il ne soit votre pere que pour la forme.

LEANDRE.

Tout beau, Scapin.

SCAPIN.

Bon, bon ; on fait bien scrupule de cela. Vous moquez-vous ? Mais j'apperçois venir le pere d'Octave. Commençons par lui, puisqu'il se presente.

(*à Octave.*)

Allez-vous-en tous deux. Et, vous, avertissez votre Silvestre de venir vîtes jouer son rôle.

SCENE VIII.

ARGANTE, SCAPIN.

SCAPIN *à part*.

LE voià qui rumine.

ARGANTE *se croyant seul*.

Avoir si peu de conduite & de considération ? S'aller jetter dans un engagement comme celui-là ! Ah, ah, jeunesse impertinente !

SCAPIN.

Monsieur, votre serviteur.

ARGANTE.
Bon jour, Scapin.
SCAPIN.
Vous rêvez à l'affaire de votre fils.
ARGANTE.
Je t'avoue que cela me donne un furieux chagrin.
SCAPIN.
Monsieur, la vie est mêlée de traverses, il est bon de s'y tenir sans cesse préparé, & j'ai oui-dire il y a long-tems une parole d'un ancien que j'ai toujours retetenue.
ARGANTE.
Quoi ?
SCAPIN.
Que, pour peu qu'un pere de famille ait été absent de chez lui, il doit promener son esprit sur tous les fâcheux accidens que son retour peut rencontrer, se figurer sa maison brûlée, son argent dérobé, sa femme morte, son fils estropié, sa fille subornée ; &, ce qu'il trouve qui ne lui est point arrivé, l'imputer à bonne fortune. Pour moi, j'ai pratiqué toujours cette leçon dans ma petite philosophie ; & je ne suis jamais revenu au logis, que je ne me sois tenu prêt à la colere de mes maîtres, aux réprimandes, aux injures, aux coups de pied au cul, aux bâtonnades, aux étrivieres ; & ce qui a manqué à m'arriver, j'en ai rendu graces à mon bon destin.
ARGANTE.
Voilà qui est bien ; mais ce mariage impertinent qui trouble celui que nous voulons faire, est une chose que je ne puis souffrir, & je viens de consulter des Avocats pour le faire casser.
SCAPIN.
Ma foi, Monsieur, si vous m'en croyez, vous tâcherez, par quelqu'autre voie, d'accommoder l'affaire. Vous sçavez ce que c'est que les procès en ce pays-ci, & vous allez vous enfoncer dans d'étranges épines.

COMEDIE.

ARGANTE.
Tu as raison, je le vois bien. Mais quelle autre voie ?

SCAPIN.
Je pense que j'en ai trouvé une. La compassion que m'a donnée tantôt votre chagrin, m'a obligé à chercher dans ma tête quelque moyen pour vous tirer d'inquiétude ; car je ne sçaurois voir d'honnêtes peres chagrinés par leurs enfans, que cela ne m'émeuve ; &, de tout tems, je me suis senti pour votre personne une inclination particuliere.

ARGANTE.
Je te suis obligé.

SCAPIN.
J'ai donc été trouver le frere de cette fille qui a été épousée. C'est un de ces braves de profession, de ces gens qui sont tout coups d'épée, qui ne parlent que d'échiner ; & ne font non plus de conscience de tuer un homme, que d'avaler un verre de vin. Je l'ai mis sur ce mariage, lui ai fait voir quelle facilité offroit la raison de la violence pour le faire casser, vos prérogatives du nom pere, & l'appui que vous donneroient auprès de la Justice, & votre droit, & votre argent, & vos amis. Enfin, je l'ai tant tourné de tous les côtés, qu'il a prêté l'oreille aux propositions que je lui ai faites d'ajuster l'affaire pour quelque somme ; & il donnera son consentement à rompre le mariage pourvu que vous lui donniez de l'argent.

ARGANTE.
Et qu'a-t-il demandé ?

SCAPIN.
Oh, d'abord des choses par-dessus les maisons !

ARGANTE.
Hé, quoi ?

SCAPIN.
Des choses extravagantes.

ARGANTE.
Mais encore ?

SCAPIN.

Il ne parloit pas moins que de cinq ou six cens piſtoles.

ARGANTE.

Cinq ou six cens fievres quartaines qui le puiſſent ſerrer. Se moque-t-il des gens?

SCAPIN.

C'eſt ce que je lui ai dit. J'ai rejetté bien loin de pareilles propoſitions, & je lui ai bien fait entendre que vous n'étiez point une dupe, pour vous demander des cinq ou six cens piſtoles. Enfin, après pluſieurs diſcours, voici où s'eſt réduit le réſultat de notre conférence. Nous voilà au tems, m'a-t-il dit, que je dois partir pour l'armée, je ſuis après à m'équiper; & le beſoin que j'ai de quelque argent me fait conſentir, malgré moi, à ce qu'on me propoſe. Il me faut un cheval de ſervice, & je n'en ſçaurois avoir un qui ſoit tant ſoit peu raiſonnable, à moins de ſoixante piſtoles.

ARGANTE.

Hé bien, pour ſoixante piſtoles, je les donne.

SCAPIN.

Il faudroit le harnois, & les piſtolets; & cela ira bien à vingt piſtoles encore.

ARGANTE.

Vingt piſtoles, & ſoixante, ce ſeroit quatre-vingt.

SCAPIN.

Juſtement.

ARGANTE.

C'eſt beaucoup; mais, ſoit, je conſens à cela.

SCAPIN.

Il lui faut auſſi un cheval pour monter ſon valet, qui coûtera bien trente piſtoles.

ARGANTE.

Comment diantre! Qu'il ſe promene; il n'aura rien du tout.

SCAPIN.

Monſieur.

COMEDIE.

ARGANTE.
Non. C'est un impertinent.
SCAPIN.
Voulez-vous que son valet aille à pied.
ARGANTE.
Qu'il aille comme il lui plaira, & le Maître aussi.
SCAPIN.
Mon Dieu! Monsieur, ne vous arrêtez point à peu de chose. N'allez point plaider, je vous prie; & donnez tout pour vous sauver des mains de la Justice.
ARGANTE.
Hé bien, soit. Je me résous à donner encore ces trente pistoles.
SCAPIN.
Il me faut encore, a-t-il dit, un mulet pour porter...
ARGANTE.
Oh, qu'il aille au diable avec son mulet! c'en est trop; & nous irons devant les Juges.
SCAPIN.
De grace, Monsieur...
ARGANTE.
Non, je n'en ferai rien.
SCAPIN.
Monsieur, un petit mulet.
ARGANTE.
Je ne lui donnerois pas seulement un âne.
SCAPIN.
Considérez...
ARGANTE.
Non, j'aime mieux plaider.
SCAPIN.
Hé! Monsieur, de quoi parlez-vous-là, & à quoi vous résolvez-vous? jettez les yeux sur les détours de la Justice. Voyez combien d'appels & de degrés de Jurisdiction, combien de procédures embarrassantes, combien d'animaux ravissans, par les griffes desquels il vous faudra passer; Sergens, Procu-

88 LES FOURBERIES DE SCAPIN,

reurs, Avocats, Greffiers, Subſtituts, Rapporteurs, Juges & leurs Clercs. Il n'y a pas un de tous ces gens-là, qui pour la moindre choſe, ne ſoit capable de donner un ſoufflet au meilleur droit du monde. Un Sergent baillera de faux exploits, ſur quoi vous ſerez condamné ſans que vous le ſçachiez. Votre Procureur s'entendra avec votre Partie, & vous vendra à beaux deniers comptant. Votre Avocat gagné de même, ne ſe trouvera point lorſqu'on plaidera votre cauſe, on dira des raiſons qui ne feront que battre la campagne, & n'iront point au fait. Le Greffier délivrera, par contumace, des Sentences & Arrêts contre vous. Le Clerc du Rapporteur ſouſtraira des pieces, ou le Rapporteur même ne dira pas ce qu'il a vu; & quand, par les plus grandes précautions du monde, vous aurez paré tout cela, vous ſerez ébahi que vos Juges auront été ſollicités contre vous, ou par des gens dévots, ou par des femmes qu'ils aimeront. Hé, Monſieur, ſi vous le pouvez, ſauvez-vous de cet enfer-là. C'eſt être damné dès ce monde, que d'avoir à plaider; & la ſeule penſée d'un Procès feroit capable de me faire fuir juſqu'aux Indes.

ARGANTE.
A combien eſt-ce qu'il fait monter le mulet?

SCAPIN.
Monſieur, pour le mulet, pour ſon cheval, & celui de ſon homme, pour le harnois & les piſtolets, & pour payer quelque petite choſe qu'il doit à ſon hôteſſe, il demande en tout deux cens piſtoles.

ARGANTE.
Deux cens piſtoles!

SCAPIN.
Oui.

ARGANTE *ſe promenant en colere.*
Allons, allons, nous plaiderons.

SCAPIN.
Faites réflexion...

COMEDIE.

ARGANTE.
Je plaiderai.
SCAPIN.
Ne vous allez point jetter...
ARGANTE.
Je veux plaider.
SCAPIN.
Mais, pour plaider, il vous faudra de l'argent. Il vous en faudra pour l'exploit, il vous en faudra pour le contrôle, il vous en faudra pour la procuration, pour la représentation, conseils, productions & journées du Procureur. Il vous en faudra pour les consultations & plaidoiries des Avocats, pour le droit de retirer le sac, & pour les grosses d'écritures. Il vous en faudra pour le raport des Substituts, pour les épices de conclusion, pour l'enregistrement du Greffier, façon d'appointement, Sentences & Arrêt, contrôles, signatures, & expéditions de leurs Clercs ; sans parler de tous les presens qu'il vous faudra faire. Donnez cet argent-là à cet homme-ci, vous voilà hors d'affaire.
ARGANTE.
Comment ! Deux cens pistoles ?
SCAPIN.
Oui. Vous y gagnerez. J'ai fait un petit calcul en moi-même, de tous les frais de la justice ; & j'ai trouvé qu'en donnant deux cens pistoles à votre homme, vous en aurez de reste, pour le moins, cent cinquante, sans compter les soins, les pas, & les chagrins que vous épargnez. Quand il n'y auroit à essuyer que des sottises que disent, devant tout le monde, de méchans plaisans d'Avocats, j'aimerois mieux donner trois cens pistoles que de plaider.
ARGANTE.
Je me moque de cela, & je défie les Avocats de rien dire de moi.

SCAPIN.
Vous ferez ce qu'il vous plaira; mais si j'étois que de vous, je fuirois les procès.
ARGANTE.
Je ne donnerai pas deux cens piſtoles.
SCAPIN.
Voici l'homme dont il s'agit.

SCENE IX.

ARGANTE, SCAPIN, SILVESTRE, *déguiſé en Spadaſſin.*

SILVESTRE.

Scapin, fais-moi un peu connoître cet Argante, qui eſt pere d'Octave.
SCAPIN.
Pourquoi, Monſieur ?
SILVESTRE.
Je viens d'apprendre qu'il veut me mettre en procès, & faire rompre par Juſtice le mariage de ma sœur.
SCAPIN.
Je ne ſçais pas s'il a cette penſée; mais il ne veut point conſentir aux deux cens piſtoles que vous voulez, & il dit que c'eſt trop.
SILVESTRE.
Par la mort, par la tête, par le ventre, ſi je le trouve, je le veux échiner, duſſai-je être roué tout vif.

(*Argante, pour n'être point vu, ſe tient en tremblant derriere Scapin.*)
SCAPIN.
Monſieur, ce pere d'Octave a du cœur, & peut-être ne vous craindra-t-il point.

COMEDIE.

SILVESTRE.

Lui? lui? par le sang, par la tête, s'il étoit-là, je lui donnerois, tout-à-l'heure, de l'épée dans le ventre.

(appercevant Argante.)

Qui est cet homme-là?

SCAPIN.

Ce n'est pas lui, Monsieur, ce n'est pas lui.

SILVESTRE.

N'est-ce point quelqu'un de ses amis?

SCAPIN.

Non, Monsieur, au contraire, c'est son ennemi capital.

SILVESTRE.

Son ennemi capital?

SCAPIN.

Oui.

SILVESTRE.

(à Argante.)

Ah, parbleu, j'en suis ravi. Vous êtes ennemi, Monsieur de ce faquin d'Argante? Hé?

SCAPIN.

Oui, oui, je vous en réponds.

SILVESTRE *secouant rudement la main d'Argante.*

Touchez-là. Touchez. Je vous donne ma parole, & vous jure sur mon honneur, par l'épée que je porte, par tous les sermens que je sçaurois faire, qu'avant la fin du jour je vous déferai de ce maraud fieffé, de ce faquin d'Argante. Reposez-vous sur moi.

SCAPIN.

Monsieur, les violences en ce pays-ci ne sont guére souffertes.

SILVESTRE.

Je me moque de tout, & je n'ai rien à perdre.

SCAPIN.

Il se tiendra sur ses gardes assurément; & il a des

parens, des amis, & des domestiques, dont il se fera un secours contre votre ressentiment.

SILVESTRE.

C'est ce que je demande, morbleu, c'est ce que je
(*mettant l'épée à la main.*)
demande. Ah, tête! Ah, ventre! Que ne le trouvai-je à cette heure avec tout son secours! Que ne paroît-il à mes yeux au milieu de trente personnes! Que ne les vois-je fondre sur moi les armes à la
(*se mettant en garde.*)
main! Comment, marauds, vous avez la hardiesse de vous attaquer à moi! Allons, morbleu, tue,
(*Poussant de tous côtés, comme s'il avoit plusieurs personnes à combattre.*)
point de quartier. Donnons. Ferme. Poussons. Bon pied, bon œil. Ah, coquins, ah, canailles, vous en voulez par-là; je vous en ferai tâter votre saoul. Soutenez, marauds, soutenez. Allons. A cette bot-
(*se tournant du côté d'Argante & de Scapin.*)
te. A cette autre. A celle-ci. A celle-là. Comment, vous reculez? Pied ferme, morbleu, pied ferme.

SCAPIN.

Hé, hé, hé, Monsieur, nous n'en sommes pas.

SILVESTRE.

Voilà qui vous apprendra à vous oser jouer à moi.

SCENE X.
ARGANTE, SCAPIN.

SCAPIN.

HÉ bien, vous voyez combien de personnes tuées pour deux cens pistoles. Or sus, je vous souhaite une bonne fortune.

ARGANTE *tout tremblant.*

Scapin.

COMEDIE.
SCAPIN.
Plaît-il ?
ARGANTE.
Je me réfous à donner les deux cens piftoles.
SCAPIN.
J'en fuis ravi pour l'amour de vous.
ARGANTE.
Allons le trouver, je les ai fur moi.
SCAPIN.
Vous n'avez qu'à me les donner. Il ne faut pas, pour votre honneur, que vous paroiffiez-là, après avoir paffé ici pour un autre que ce que vous êtes ; &, de plus, je craindrois qu'en vous faifant connoître, il n'allât s'avifer de vous demander davantage.
ARGANTE.
Oui ; mais j'aurois été bien-aife de voir comme je donne mon argent.
SCAPIN.
Eft-ce que vous vous défiez de moi ?
ARGANTE.
Non pas ; mais....
SCAPIN.
Parbleu, Monfieur, je fuis un fourbe, ou je fuis honnête-homme ; c'eft l'un des deux. Eft-ce que je voudrois vous tromper, & que, dans tout ceci, j'ai d'autre intérêt que le vôtre, & celui de mon maître, à qui vous voulez vous allier ? Si je vous fuis fufpect, je ne me mêle plus de rien, & vous n'avez qu'à chercher dès cette heure, qui accommodera vos affaires.
ARGANTE.
Tien donc.
SCAPIN.
Non, Monfieur, ne me confiez point votre argent. Je ferai bien-aife que vous vous ferviez de quelqu'autre.
ARGANTE.
Mon Dieu, tien.

SCAPIN.

Non, vous dis-je, ne vous fiez point à moi. Que fcait-on, fi je ne veux point vous attraper votre argent.

ARGANTE.

Tien, te dis-je, ne me fais point contefter davantage. Mais fonge à bien prendre tes fûretés avec lui.

SCAPIN.

Laiffez-moi faire, il n'a pas affaire à un fot.

ARGANTE.

Je vais t'attendre chez moi.

SCAPIN.
(feul.)

Je ne manquerai pas d'y aller. Et un. Je n'ai qu'à chercher l'autre. Ah, ma foi, le voici. Il femble que le Ciel, l'un après l'autre, les amene dans mes filets.

SCENE XI.
GERONTE, SCAPIN,

SCAPIN *faifant femblant de ne pas voir Géronte.*

O Ciel! O difgrace imprévue! O miférable pere! Pauvre Géronte, que feras-tu?

GERONTE *à part.*
Que dit-il là de moi, avec ce vifage affligé?

SCAPIN.
N'y a-t-il perfonne qui puiffe me dire où eft le Seigneur Géronte?

GERONTE.
Qu'y a-t-il, Scapin?

SCAPIN *courant fur le Théatre, fans vouloir entendre, ni voir Géronte.*

Où pourrai-je le rencontrer pour lui dire cette infortune?

COMEDIE.

GERONTE *courant après Scapin.*
Qu'est-ce que c'est donc?

SCAPIN.
En vain je cours de tous côtés pour le pouvoir trouver.

GERONTE.
Me voici.

SCAPIN.
Il faut qu'il soit caché dans quelqu'endroit qu'on ne puisse point deviner.

GERONTE *arrêtant Scapin.*
Holà. Es-tu aveugle, que tu ne me vois pas?

SCAPIN.
Ah, Monsieur, il n'y a pas moyen de vous rencontrer.

GERONTE.
Il y a une heure que je suis devant toi. Qu'est-ce que c'est donc qu'il y a?

SCAPIN.
Monsieur....

GERONTE.
Quoi?

SCAPIN.
Monsieur votre fils....

GERONTE.
Hé bien, mon fils....

SCAPIN.
Est tombé dans une disgrace la plus étrange du monde.

GERONTE.
Et quelle?

SCAPIN.
Je l'ai trouvé tantôt tout triste de je ne sçai quoi que vous lui avez dit, où vous m'avez mêlé assez mal-à-propos; & cherchant à divertir cette tristesse, nous nous sommes allés promener sur le port. Là, entr'autres plusieurs choses, nous avons arrêté nos yeux sur une galere Turque assez bien équipée. Un jeune

Turc, de bonne mine, nous a invités d'y entrer, & nous a préfenté la main. Nous y avons paffé. Il nous a fait mille civilités, nous a donné la collation, où nous avons mangé des fruits les plus excellens qui fe puiffent voir, & bû du vin que nous avons trouvé le meilleur du monde.

GERONTE.

Qu'y a-t-il de fi affligeant en tout cela?

SCAPIN.

Attendez, Monfieur, nous y voici. Pendant que nous mangions, il a fait mettre la galere en mer ; & fe voyant éloigné du Port, il m'a fait mettre dans un efquif, & m'envoie vous dire, que fi vous ne lui envoyez par moi tout-à-l'heure cinq cens écus, il va vous emmener votre fils à Alger.

GERONTE.

Comment diantre, cinq cens écus!

SCAPIN.

Oui, Monfieur, & de plus, il ne m'a donné pour cela que deux heures.

GERONTE.

Ah, le pendard de Turc, m'affaffiner de la façon !

SCAPIN.

C'eft à vous, Monfieur, d'avifer promptement aux moyens de fauver des fers un fils que vous aimez avec tant de tendreffe.

GERONTE.

Que diable alloit-il faire dans cette galere ?

SCAPIN.

Il ne fongeoit pas à ce qui eft arrivé.

GERONTE.

Va-t-en, Scapin, va-t-en vîte dire à ce Turc que je vais envoyer la Juftice après lui.

SCAPIN.

La Juftice en pleine Mer ! Vous moquez-vous des gens?

GERONTE.

Que diable alloit-il faire dans cette galere?

SCAPIN.

COMEDIE.
SCAPIN.
Une méchante destinée conduit quelquefois les personnes.

GERONTE.
Il faut, Scapin, il faut que tu fasse ici l'action d'un serviteur fidele.

SCAPIN.
Quoi, Monsieur ?

GERONTE.
Que tu ailles dire à ce Turc qu'il me renvoie mon fils, & que tu te mettes à sa place, jusqu'à ce que j'aie amassé la somme qu'il demande.

SCAPIN.
Hé, Monsieur, songez-vous à ce que vous dites ? & vous figurez-vous que ce Turc ait si peu de sens, que d'aller recevoir un misérable comme moi, à la place de votre fils ?

GERONTE.
Que diable alloit-il faire dans cette galere ?

SCAPIN.
Il ne devinoit pas ce malheur. Songez, Monsieur, qu'il ne m'a donné que deux heures.

GERONTE.
Tu dis qu'il demande...

SCAPIN.
Cinq cens écus.

GERONTE.
Cinq cens écus ! N'a-t-il point de conscience ?

SCAPIN.
Vraiment, oui, de la conscience à un Turc.

GERONTE.
Sçait-il bien ce que c'est que cinq cens écus ?

SCAPIN.
Oui, Monsieur, il sçait que c'est mille cinq cens livres.

GERONTE.
Croit-il, le traître, que mille cinq cens livres se trouvent dans le pas d'un cheval ?

Tome VII.

SCAPIN.

Ce sont des gens qui n'entendent point de raison.

GERONTE.

Mais que diable alloit-il faire dans cette galere ?

SCAPIN.

Il est vrai ; mais quoi ? on ne prévoyoit pas les choses. De grace, Monsieur, dépêchez.

GERONTE.

Tien, voilà la clef de mon armoire.

SCAPIN.

Bon.

GERONTE.

Tu l'ouvriras.

SCAPIN.

Fort bien.

GERONTE.

Tu trouveras une grosse clef du côté gauche, qui est celle de mon grenier.

SCAPIN.

Oui.

GERONTE.

Tu iras prendre toutes les hardes qui sont dans cette grande manne, & tu les vendras aux frippiers, pour aller racheter mon fils.

SCAPIN *en lui rendant la clef.*

Hé, Monsieur, rêvez-vous ? Je n'aurois pas cent francs de tout ce que vous dites ; &, de plus, vous sçavez le peu de tems qu'on m'a donné.

GERONTE.

Mais que diable alloit-il faire dans cette galere ?

SCAPIN.

Oh, que de paroles perdues, laissez-là cette galere, & songez que le temps presse, & que vous courez risque de perdre votre fils. Hélas ! mon pauvre maître, peut-être que je ne te verrai de ma vie ; & qu'à l'heure que je parle, on t'emmene esclave en Alger. Mais le Ciel me sera témoin que j'ai fait pour toi tout ce que j'ai pu ; & que, si tu manques à être ra-

COMEDIE.

cheté, il n'en faut accuser que le peu d'amitié d'un pere.
GERONTE.
Attends, Scapin, je m'en vais querir cette somme.
SCAPIN.
Dépêchez donc vîte, Monsieur; je tremble que l'heure ne sonne.
GERONTE.
N'est-ce pas quatre cens écus que tu dis?
SCAPIN.
Non. Cinq cens écus.
GERONTE.
Cinq cens écus!
SCAPIN.
Oui.
GERONTE.
Que diable alloit-il faire dans cette galere?
SCAPIN.
Vous avez raison; mais hâtez-vous.
GERONTE.
N'y avoit-il point d'autre promenade?
SCAPIN.
Cela est vrai; mais faites promptement.
GERONTE.
Ah! maudite galere.
SCAPIN à part.
Cette galere lui tient au cœur.
GERONTE.
Tien, Scapin, je ne me souvenois pas que je viens justement de recevoir cette somme en or, & je ne croyois pas qu'elle dût m'être si-tôt ravie.
(*Tirant sa bourse de sa poche, & la presentant à Scapin.*)
Tien. Va-t-en racheter mon fils.
SCAPIN *tendant la main.*
Oui, Monsieur.
GERONTE *retenant sa bourse qu'il fait sem-*
blant de vouloir donner à Scapin.
Mais dis à ce Turc que c'est un scélérat.

LES FOURBERIES DE SCAPIN,

SCAPIN *tendant encore la main.*

Oui.

GERONTE *recommençant la même action.*

Un infâme.

SCAPIN *tendant toujours la main.*

Oui.

GERONTE *de même.*

Un homme sans foi, un voleur.

SCAPIN.

Laissez-moi faire.

GERONTE *de même.*

Qu'il me tire cinq cens écus contre toute sorte de droit.

SCAPIN.

Oui.

GERONTE *de même.*

Que je ne les lui donne ni à la mort ni à la vie.

SCAPIN.

Fort bien.

GERONTE *de même.*

Et que, si jamais je l'attrape, je sçaurai me venger de lui.

SCAPIN.

Oui.

GERONTE *remettant sa bourse dans sa poche, & s'en allant.*

Va, va vîte requerir mon fils.

SCAPIN *courant après Géronte.*

Holà, Monsieur.

GERONTE.

Quoi ?

SCAPIN.

Où est donc cet argent ?

GERONTE.

Ne te l'ai-je pas donné ?

SCAPIN.

Non vraiment ; vous l'avez remis dans votre poche.

COMEDIE.

GERONTE.
Ah ! c'est la douleur qui me trouble l'esprit.
SCAPIN.
Je le vois bien.
GERONTE.
Que diable alloit-il faire dans cette galere ? Ah ! maudite galere ; traître de Turc, à tous les diables !
SCAPIN *seul*.
Il ne peut digérer les cinq cens écus que je lui arrache ; mais il n'est pas quitte envers moi, & je veux qu'il me paie en un autre monnoie l'imposture qu'il m'a faite auprès de son fils.

SCENE XII.

OCTAVE, LEANDRE, SCAPIN.

OCTAVE.

HÉ bien, Scapin, as-tu réussi pour moi dans ton entreprise ?
LEANDRE.
As-tu fait quelque chose pour tirer mon amour de la peine où il est ?
SCAPIN *à Octave*.
Voilà deux cens pistoles que j'ai tirées de votre pere.
OCTAVE.
Ah ! que tu me donnes de joie.
SCAPIN *à Léandre*.
Pour vous je n'ai pu faire rien.
LEANDRE *voulant s'en aller*.
Il faut donc que j'aille mourir ; & je n'ai que faire de vivre, si Zerbinette m'est ôtée.
SCAPIN.
Holà, holà, tout doucement. Comme diantre, vous allez vite !

LEANDRE *se retournant.*
Que veux-tu que je devienne ?
SCAPIN.
Allez, j'ai votre affaire ici.
LEANDRE.
Ah ! tu me redonnes la vie.
SCAPIN.
Mais à condition que vous me permettrez, à moi, une petite vengeance contre votre pere, pour le tour qu'il m'a fait.
LEANDRE.
Tout ce que tu voudras.
SCAPIN.
Vous me le promettez devant témoin ?
LEANDRE.
Oui.
SCAPIN.
Tenez, voilà cinq cens écus.
LEANDRE.
Allons-en promptement acheter celle que j'adore.

Fin du second Acte.

ACTE III.

SCENE PREMIERE.

ZERBINETTE, HIACINTE, SCAPIN, SILVESTRE.

SILVESTRE.

Oui, vos amans ont arrêté entr'eux que vous fussiez ensemble ; & nous nous acquittons de l'ordre qu'ils nous ont donné.

HIACINTE à Zerbinette.

Un tel ordre n'a rien qui ne soit fort agréable. Je reçois avec joie une compagne de la sorte ; & il ne tiendra pas à moi, que l'amitié qui est entre les personnes que nous aimons, ne se répande entre nous deux.

ZERBINETTE.

J'accepte la proposition, & ne suis point personne à reculer, lorsqu'on m'attaque d'amitié.

SCAPIN.

Et lorsque c'est d'amour qu'on vous attaque !

ZERBINETTE.

Pour l'amour, c'est une autre chose ; on y court un peu plus de risque, & je n'y suis pas si hardie.

SCAPIN.

Vous l'êtes, que je crois, contre mon maître maintenant ; & ce qu'il vient de faire pour vous, doit vous donner du cœur pour répondre comme il faut à sa passion.

ZERBINETTE.

Je ne m'y fie encore que de la bonne sorte ; & ce n'est pas assez pour m'assurer entierement, que ce qu'il vient de faire. J'ai l'humeur enjouée, & sans cesse je ris, mais, tout en riant, je suis sérieuse sur de certains chapitres, & ton maître s'abusera, s'il croit qu'il lui suffise de m'avoir achetée, pour me voir toute à lui. Il doit lui en coûter autre chose que de l'argent ; & pour répondre à son amour de la maniere qu'il souhaite, il me faut un don de sa foi, qui soit assaisonné de certaines cérémonies qu'on trouve nécessaires.

SCAPIN.

C'est-là aussi comme il l'entend. Il ne prétend à vous qu'en tout bien & en tout honneur ; & je n'aurois pas été homme à me mêler de cette affaire, s'il avoit une autre pensée.

ZERBINETTE.

C'est ce que je veux croire, puisque vous me le dites ; mais, du côté du pere, j'y prévois des empêchemens.

SCAPIN.

Nous trouverons moyen d'accommoder les choses.

HIACINTE à *Zerbinette*.

La ressemblance de nos destins doit contribuer encore à faire naître notre amitié ; & nous nous voyons toutes deux dans les mêmes alarmes, toutes deux exposées à la même infortune.

ZERBINETTE.

Vous avez cet avantage, au moins, que vous sçavez de qui vous êtes née ; & que l'appui de vos parens, que vous pouvez faire connoître, est capable d'ajuster tout, peut assurer votre bonheur, & faire donner un consentement au mariage qu'on trouve fait. Mais, pour moi, je ne rencontre aucun secours dans ce que je puis être, & l'on me voit dans un état qui n'adoucira pas les volontés d'un pere qui ne regarde que le bien.

HIACINTE.

Mais aussi avez-vous cet avantage, que l'on ne tente point, par un autre parti, celui que vous aimez.

COMEDIE.

ZERBINETTE.

Le changement du cœur d'un amant n'eſt pas ce que l'on peut le plus craindre. On ſe peut naturellement croire aſſez de mérite pour garder ſa conquête ; & ce que je vois de plus redoutable dans ces ſortes d'affaires, c'eſt la puiſſance paternelle, auprès de qui tout le mérite ne ſert de rien.

HIACINTE.

Hélas, pourquoi faut-il que de juſtes inclinations ſe trouvent traverſées ! La douce choſe que d'aimer, lorſque l'on ne voit point d'obſtacle à ces aimables chaînes, dont deux cœurs ſe lient enſemble !

SCAPIN.

Vous vous moquez. La tranquillité, en amour, eſt un calme déſagréable. Un bonheur tout uni nous devient ennuyeux ; il faut du haut & du bas dans la vie ; & les difficultés, qui ſe mêlent aux choſes, réveillent les ardeurs, augmentent les plaiſirs.

ZERBINETTE.

Mon Dieu, Scapin, fais-nous un peu ce récit, qu'on m'a dit qui eſt ſi plaiſant, du ſtratagême dont tu t'es aviſé pour tirer de l'argent de ton vieillard avare. Tu ſçais qu'on ne perd point ſa peine, lorſqu'on me fait un conte ; & que je le paie aſſez bien, par la joie qu'on m'y voit prendre.

SCAPIN.

Voilà Sylveſtre qui s'en acquittera auſſi-bien que moi. J'ai dans la tête certaine petite vengeance dont je vais goûter le plaiſir.

SILVESTRE.

Pourquoi, de gaieté de cœur, veux-tu chercher à t'attirer de méchantes affaires ?

SCAPIN.

Je me plais à tenter des entrepriſes haſardeuſes.

SILVESTRE.

Je te l'ai déjà dit, tu quitterois le deſſein que tu as, ſi tu m'en voulois croire.

E 5

SCAPIN.
Oui ; mais c'est moi que j'en croirai.
SILVESTRE.
A quoi diable te vas-tu amuser.
SCAPIN.
De quoi diable te mets-tu en peine ?
SILVESTRE.
C'est que je vois que, sans nécessité, tu vas courir risque de t'attirer une venue de coups de bâton.
SCAPIN.
Hé bien, c'est aux dépens de mon dos, & non pas du tien.
SILVESTRE.
Il est vrai que tu es maître de tes épaules, & tu en disposeras comme il te plaira.
SCAPIN.
Ces sortes de périls ne m'ont jamais arrêté ; & je hais ces cœurs pusillanimes qui, pour trop prévoir les suites des choses, n'osent rien entreprendre.
ZERBINETTE à Scapin.
Nous aurons besoin de tes soins.
SCAPIN.
Allez. Je vous irai bientôt rejoindre. Il ne sera pas dit qu'impunément on m'ait mis en état de me trahir moi-même, & de découvrir des secrets qu'il étoit bon qu'on ne sçût pas.

SCENE II.

GÉRONTE, SCAPIN.

GÉRONTE.

HÉ bien, Scapin, comment va l'affaire de mon fils ?

SCAPIN.

Votre fils, Monsieur, est un lieu de sûreté ; mais

vous courez maintenant, vous, le péril le plus grand du monde, & je voudrois, pour beaucoup, que vous fuſſiez dans votre logis.

GERONTE.

Comment donc?

SCAPIN.

A l'heure que je parle, on vous cherche de toutes parts pour vous tuer.

GERONTE.

Moi?

SCAPIN.

Oui.

GERONTE.

Et qui?

SCAPIN.

Le frere de cette perſonne qu'Octave a épouſée. Il croit que le deſſein que vous avez de mettre votre fille à la place que tient ſa sœur, eſt ce qui pouſſe le plus fort à faire rompre leur mariage; &, dans cette penſée, il a réſolu hautement de décharger ſon déſeſpoir ſur vous, & de vous ôter la vie pour venger ſon honneur, tous ſes amis, gens d'épée comme lui, vous cherchent de tous les côtés, & demandent de vos nouvelles. J'ai vu même deçà & delà, des ſoldats de ſa compagnie, qui interrogent ceux qu'ils trouvent, & occupent par pelotons toutes les avenues de votre maiſon. De ſorte que vous ne ſçauriez aller chez vous; vous ne ſçauriez faire un pas ni à droite, ni à gauche, que vous ne tombiez dans leurs mains.

GERONTE.

Que ferai-je, mon pauvre Scapin?

SCAPIN.

Je ne ſçais pas, Monſieur, & voici une étrange affaire. Je tremble pour vous depuis les pieds juſqu'à la tête, &..... Attendez.

(*Scapin faiſant ſemblant d'aller voir au fond du Théatre, s'il n'y a perſonne.*)

E 6

GERONTE *en tremblant.*

Hé?

SCAPIN *revenant.*

Non, non, non, ce n'est rien.

GERONTE.

Ne sçaurois-tu trouver quelque moyen, pour me tirer de peine?

SCAPIN.

J'en imagine bien un; mais je courrois risque, moi, de me faire assommer.

GERONTE.

Hé, Scapin, montre-toi serviteur zelé. Ne m'abandonne pas, je te prie.

SCAPIN.

Je le veux bien. J'ai une tendresse pour vous, qui ne sçauroit souffrir que je vous laisse sans secours.

GERONTE.

Tu en seras récompensé, je t'assure; & je te promets cet habit-ci, quand je l'aurai un peu usé.

SCAPIN.

Attendez. Voici une affaire que j'ai trouvée fort à propos pour vous sauver. Il faut que vous vous mettiez dans ce sac; & que......

GERONTE *croyant voir quelqu'un.*

Ah!

SCAPIN.

Non, non, non, non. Ce n'est personne. Il faut, dis-je, que vous vous mettiez là-dedans, & que vous vous gardiez de remuer en aucune façon. Je vous chargerai sur mon dos, comme un paquet de quelque chose, & je vous porterai ainsi, au travers de vos ennemis, jusques dans votre maison, où, quand nous serons une fois, nous pourrons nous barricader, & envoyer querir main-forte contre la violence.

GERONTE.

L'invention est bonne.

SCAPIN.

La meilleure du monde. Vous allez voir.

(à part.)

COMEDIE.

(*à part.*) tu me paieras l'imposture.
GERONTE.
Hé?
SCAPIN.
Je dis que vos ennemis seront bien attrapés. Mettez-vous bien jusqu'au fond, & sur-tout prenez garde de ne point vous montrer, & de ne branler pas, quelque chose qui puisse arriver.
GERONTE.
Laissez-moi faire. Je sçaurai me tenir.
SCAPIN.
Cachez-vous. Voici un Spadassin qui vous cherche.
(*en contrefaisant sa voix.*)
Quoi, jé n'aurai pas l'abantage dé tuer cé Géronte, & quelqu'un, par charité, né m'enseignera pas où il est!
(*à Géronte avec sa voix ordinaire.*)
Ne branlez pas. *Cadédis, jé lé troubérai, se cachât-il au centre dé la terre.*
(*à Géronte avec son ton naturel.*)
Ne vous montrez pas. Oh, l'homme au sac. *Monsieur. Jé té vaille un louis, & m'enseigne où peut être Géronte.* Vous cherchez le Seigneur Géronte? *Oui, mordi, jé lé cherche.* Et pour quelle affaire, Monsieur? *Pour quelle affaire? Oui. Jé beux, cadédis, lé faire mourir sous les coups dé vaton.* Oh, Monsieur, les coups de bâton ne se donnent point à des gens comme lui, & ce n'est pas un homme à être traité de la sorte. *Qui? cé fat dé Géronte, cé maraud, cé vélître?* Le Seigneur Géronte, Monsieur, n'est ni fat, ni maraud, ni bélître, & vous devriez, s'il vous plaît, parler d'autre façon. *Comment, tu mé traites, moi, avec cette hauteur?* Je défends comme je dois, un homme d'honneur qu'on offense. *Est-ce que tu es des amis dé cé Géronte?* Oui, Monsieur, j'en suis. *Ah, cadédis, tu es dé ses amis, à la vonne hure.*
(*donnant plusieurs coups de bâton sur le sac.*)
Tien, boilà cé qué jé té vaille pour lui.
(*criant, comme s'il recevoit les coups de bâton.*)
Ah, ah, ah, ah, ah, Monsieur! Ah, ah, Monsieur,

tout beau. Ah, doucement! Ah, ah, ah, ah, *Ba, porte-lui céla dé ma part. Adiusias.* Ah, diable soit le Gascon! Ah!

GERONTE *mettant la tête hors du sac.*
Ah, Scapin, je n'en puis plus.

SCAPIN.
Ah, Monsieur, je suis tout moulu, & les épaules me font un mal épouventable!

GERONTE.
Comment, c'est sur les miennes qu'il a frappé?

SCAPIN.
Nenni, Monsieur, c'étoit sur mon dos qu'il frappoit.

GERONTE.
Que veux-tu dire? J'ai bien senti les coups, & les sens bien encore.

SCAPIN.
Non, vous dis-je, ce n'est que le bout du bâton qui a porté sur vos épaules.

GERONTE.
Tu devois donc te retirer un peu plus loin, pour m'épargner.

SCAPIN *faisant remettre Géronte dans le sac.*
Prenez garde. En voici un autre qui a la mine d'un étranger. *Parti, moi, courir comme une Basque, & moi ne pouvre point trouoir de tout le jour sti tiable de Gi-ronte.* Cachez vous bien. *Dites un peu moi fous, Monsieur l'homme, s'il ve plaît, fous sçavoir point où l'est sti Gironte, que moi cherchir?* Non, Monsieur, je ne sçais pas où est Géronte. *Dites-moi le fous franchement, moi li fouloir pas grand'chose à lui. C'est seulement pour li donner un petite régale sur le dos, d'un douzaine de coups de bâtonne, & de trois ou quatre petites coups d'épée au travers de son poitrine.* Je vous assure, Monsieur, que je ne sçais pas où il est. *Il me semble que ji foi remuair quelque chose dans sti sac.* Pardonnez-moi, Monsieur. *Li est assurément quelque histoire là-tetans.* Point du tout, Monsieur. *Moi l'afoir enfic te tonnair ain coup d'épée tans sti sac.*

COMÉDIE.

Ah, Monsieur, gardez-vous-en bien ! *Montre le-moi un peu, fous, ce que c'estre-là.* Tout beau, Monsieur. *Quement, tout beau ! Vous n'avez que faire de vouloir voir ce que je porte. Et moi, je le fouloir foir, moi.* Vous ne le verrez point. *Ah, que de badinemente ! Ce sont hardes qui m'appartiennent. Montre-moi, fous, te dis-je.* Je n'en ferai rien. *Toi n'en faire rien ?* Non. *Moi pailler de ste patonne sur les épaules de toi.* Je me moque de cela. *Ah, toi faire le trôle !*

(*donnant des coups de bâton sur le sac, & criant comme s'il les recevoit.*)

Ah, ah, ah, ah, Monsieur, ah, ah, ah ! *Jusqu'au refoir ; l'être-là un petit leçon pour apprendre à toi à parlair insolentement.* Ah ! peste soit du baragouineux ! Ah !

GÉRONTE *sortant sa tête hors du sac.*
Ah, je suis roué !

SCAPIN.
Ah, je suis mort.

GÉRONTE.
Pourquoi diantre faut-il qu'ils frappent sur mon dos ?

SCAPIN *lui remettant la tête dans le sac.*
Prenez garde, voici une demi-douzaine de Soldats tout ensemble.

(*contrefaisant la voix de plusieurs personnes.*)
Allons, tâchons à trouver ce Géronte, cherchons partout. N'épargnons point nos pas. Courons toute la ville. N'oublions aucun lieu. Visitons tout. Furetons de tous les côtés. Par où irons-nous ? Tournons par-là. Non, par ici. A gauche. A droite. Nenni. Si fait.

(*à Géronte avec sa voix ordinaire.*)
Cachez-vous bien. *Ah, Camarades, voici son Valet. Allons, coquin, il faut que tu nous enseignes où est ton Maître.* Hé, Messieurs, ne me maltraitez point. *Allons, dis-nous où il est. Parle. Hâte-toi. Expédions.*

LES FOURBERIES DE SCAPIN,

Dépêche vîte. Tôt. Hé, Messieurs, doucement.
(*Géronte met doucement la tête hors du sac, & apperçoit la fourberie de Scapin.*)
Si tu ne nous fais trouver ton Maître tout-à-l'heure, nous allons faire pleuvoir sur toi une ondée de coups de bâton. J'aime mieux souffrir toute chose, que de vous découvrir mon Maître. *Nous allons t'assommer.* Faites tout ce qu'il vous plaira. *Tu as envie d'être battu ? Ah, tu en veux tâter ? Voilà ....* Oh !
(*Comme il est prêt de frapper, Géronte sort du sac, & Scapin s'enfuit.*)

GÉRONTE seul.

Ah, infame ! Ah ! traître ! Ah ! scélérat ! c'est ainsi que tu m'assassines !

SCENE III.

ZERBINETTE, GÉRONTE.

ZERBINETTE riant, sans voir Géronte.

AH, ah, je veux prendre un peu l'air.
GÉRONTE à part, sans voir Zerbinette.
Tu me la payeras, je te jure.
ZERBINETTE sans voir Géronte.
Ah, ah, ah, ah, la plaisante histoire, & la bonne dupe que ce vieillard !
GÉRONTE.
Il n'y a rien de plaisant à cela, & vous n'avez que faire d'en rire.
ZERBINETTE.
Quoi ? Que voulez-vous dire, Monsieur ?
GÉRONTE.
Je veux dire que vous ne devez pas vous moquer de moi.

COMEDIE.

ZERBINETTE.
De vous?

GERONTE.
Oui.

ZERBINETTE.
Comment? qui songe à se moquer de vous?

GERONTE.
Pourquoi venez-vous ici me rire au nez?

ZERBINETTE.
Cela ne vous regarde point, & je ris toute seule d'un conte qu'on vient de me faire, le plus plaisant qu'on puisse entendre. Je ne sçais pas si c'est parce que je suis intéressée dans la chose; mais je n'ai jamais trouvé rien de si drôle qu'un tour qui vient d'être joué par un fils à son pere, pour en attraper de l'argent.

GERONTE.
Par un fils à son pere, pour en attraper de l'argent?

ZERBINETTE.
Oui. Pour peu que vous me pressiez, vous me trouverez assez disposée à vous dire l'affaire; & j'ai une démangeaison naturelle à faire part des contes que je sçais.

GERONTE.
Je vous prie de me dire cette histoire.

ZERBINETTE.
Je le veux bien. Je ne risquerai pas grand'chose à vous la dire, & c'est une aventure qui n'est pas pour être long-tems secrete. La destinée a voulu que je me trouvasse parmi une bande de ces personnes qu'on appelle Egyptiens, & qui, rodant de Province en Province, se mêlent de dire la bonne fortune, & quelquefois de beaucoup d'autres choses. En arrivant dans cette ville, un jeune homme me vit, & conçut pour moi de l'amour. Dès ce moment, il s'attache à mes pas; & le voilà d'abord comme tous les jeunes gens, qu'ils croient qu'il n'y a qu'à parler, & qu'au moindre mot qu'ils nous disent, leurs affaires sont faites; mais il trouva une fierté qui lui fit

un peu corriger ſes premieres penſées. Il fit connoître ſa paſſion aux gens qui me tenoient, il les trouva diſpoſés à me laiſſer à lui, moyennant quelque ſomme. Mais le mal de l'affaire étoit que mon amant ſe trouvoit dans l'état où l'on voit très-ſouvent la plupart des fils de famille, c'eſt-à-dire, qu'il étoit un peu dénué d'argent ; il a un pere, qui, quoique riche, eſt un avaricieux fieffé, le plus vilain homme du monde. Attendez. Ne me ſçaurois-je ſouvenir de ſon nom ? Ah, aidez-moi un peu ! Ne pouvez-vous me nommer quelqu'un de cette ville qui ſoit connu pour être avare au dernier point.

GERONTE.

Non.

ZERBINETTE.

Il y a à ſon nom du ron.... ronte. O.... Oronte. Non, Gé... Géronte; oui, Géronte, juſtement, voilà mon vilain, je l'ai trouvé, c'eſt ce ladre-là que je dis. Pour venir à notre conte, nos gens ont voulu aujourd'hui partir de cette ville ; & mon amant m'alloit perdre faute d'argent, ſi, pour en tirer de ſon pere, il n'avoit trouvé du ſecours dans l'induſtrie d'un ſerviteur qu'il a. Pour le nom du ſerviteur, je le ſais à merveille. Il s'appelle Scapin ; c'eſt un homme incomparable, & il mérite toutes les louanges que l'on peut donner.

GERONTE *à part.*

Ah, coquin que tu es !

ZERBINETTE.

Voici le ſtratagême dont il s'eſt ſervi pour attraper ſa dupe. Ah, ah, ah, ah ; je ne ſçaurois m'en ſouvenir, que je ne rie de tout mon cœur. Ah, ah, ah ; il eſt allé trouver ce chien d'avare. Ah, ah, ah, & il lui a dit qu'en ſe promenant ſur le port avec ſon fils, hi, hi, ils avoient vu une galere Turque, où on les avoit invités d'entrer ; qu'un jeune Turc leur y avoit donné la collation ; ah, que, tandis qu'ils mangeoient, on avoit mis la Galere en mer ; & que le Turc l'avoit renvoyé lui seul à terre dans un esquif, avec ordre de dire au pere de son Maître, qu'il emmenoit son fils en Alger, s'il ne lui envoyoit tout-à-l'heure cinq cens écus. Ah, ah, ah. Voilà mon ladre, mon vilain, dans ses furieuses angoisses; & la tendresse qu'il a pour son fils fait un combat étrange avec son avarice. Cinq cens écus qu'on lui demande, sont justement cinq cens coups de poignard qu'on lui donne. Ah, ah, ah. Il ne peut se résoudre à tirer cette somme de ses entrailles; & la peine qu'il souffre lui fait trouver cent moyens ridicules pour ravoir son fils. Ah, ah, ah. Il veut envoyer la Justice en mer après la galere du Turc. Ah, ah, ah! Il sollicite son valet de s'aller offrir à tenir la place de son fils, jusqu'à ce qu'il ait amassé l'argent qu'il n'a pas envie de donner. Ah, ah, ah. Il abandonne, pour faire les cinq cens écus, quatre ou cinq vieux habits qu'il n'en valent pas trente. Ah, ah, ah. Le valet lui fait comprendre à tous coups l'impertinence de ses propositions, & chaque réflexion est douloureusement accompagnée d'un, mais que diable alloit-il faire dans cette galere? ah, maudite galere! traître de Turc! Enfin après plusieurs détours, après avoir long-tems gémi & soupiré.... Mais il me semble que vous ne riez point de mon conte! qu'en dites-vous?

GÉRONTE.

Je dis que le jeune homme est un pendard, un insolent, qui sera puni par son pere, du tour qu'il lui a fait, que l'Egyptienne est une mal-avisée, une impertinente, de dire des injures à un homme d'honneur, qui sçaura lui apprendre à venir ici débaucher les enfans de famille; & que le valet est un scélérat, qui sera par Géronte envoyé au gibet avant qu'il soit demain.

SCENE IV.
ZERBINETTE, SILVESTRE.

SILVESTRE.

OU est-ce donc que vous vous échappez ? Sçavez-vous bien que vous venez de parler-là au pere de votre amant ?

ZERBINETTE.

Je viens de m'en douter, & je me suis adressé à lui-même, sans y penser, pour lui conter son histoire.

SILVESTRE.

Comment son histoire ?

ZERBINETTE.

Oui. J'étois toute remplie du conte, & je brûlois de le redire. Mais qu'importe ? tant pis pour lui. Je ne vois pas que les choses pour nous, en puissent être ni pis, ni mieux.

SILVESTRE.

Vous aviez grande envie de babiller ; & c'est avoir bien de la langue, que de ne pouvoir se taire de ses propres affaires.

ZERBINETTE.

N'auroit-il pas appris cela de quelqu'autre ?

SCENE V.
ARGANTE, ZERBINETTE, SILVESTRE.

ARGANTE *derriere le Théatre.*

Holà, Silvestre.

SILVESTRE *à Zerbinette.*

Rentrez dans la maison. Voilà mon maître qui m'appelle.

COMEDIE.

SCENE VI.
ARGANTE, SILVESTRE.
ARGANTE.

Vous vous êtes donc accordés, coquin, vous vous êtes accordés, Scapin, vous & mon fils, pour me fourber; & vous croyez que je l'endure?

SILVESTRE.

Ma foi, Monsieur, si Scapin vous fourbe, je m'en lave les mains; & vous assure que je n'y trempe en aucune façon.

ARGANTE.

Nous verrons cette affaire, pendard, nous verrons cette affaire; & je ne prétends pas qu'on me fasse passer la plume par le bec.

SCENE VII.
GERONTE, ARGANTE, SILVESTRE.
GERONTE.

AH, Seigneur Argante, vous me voyez accablé de disgrace!

ARGANTE.

Vous me voyez aussi dans un accablement horrible.

GERONTE.

Le pendard de Scapin, par une fourberie, m'a attrappé cinq cens écus.

ARGANTE.

Le même pendard de Scapin, par une fourberie aussi, m'a attrapé deux cens pistoles.

GERONTE.

Il ne s'est pas contenté de m'attraper cinq cens écus, il m'a traité d'une maniere que j'ai honte de dire. Mais il me la payera.

ARGANTE.

Je veux qu'il me fasse raison de la piece qu'il m'a jouée.

GERONTE.

Et je prétends faire de lui une vengeance exemplaire.

SILVESTRE à part.

Plaise au Ciel que, dans tout ceci, je n'aie point ma part !

GERONTE.

Mais ce n'est pas encore tout, Seigneur Argante, & un malheur nous est toujours l'avant-coureur d'un autre. Je me réjouissois aujourd'hui de l'espérance d'avoir ma fille, dont je faisois toute ma consolation ; & je viens d'apprendre de mon homme qu'elle est partie il y a long-tems de Tarente, & qu'on y croit qu'elle a péri dans le Vaisseau où elle s'embarqua.

ARGANTE.

Mais pourquoi, s'il vous plaît, la tenir à Tarente, & ne vous être pas donné la joie de l'avoir avec vous ?

GERONTE.

J'ai eu mes raisons pour cela ; & des intérêts de famille m'ont obligé jusqu'ici à tenir fort secret ce second mariage. Mais que vois-je ?

SCÈNE VIII.
ARGANTE, GÉRONTE, NÉRINE, SILVESTRE.

GÉRONTE.

AH, te voilà, nourrice!
NERINE *se jettant aux genoux de Géronte.*
Ah, Seigneur Pandolphe, que.....

GÉRONTE.

Appelle-moi Géronte, & ne te sers plus de ce nom. Les raisons ont cessé qui m'avoient obligé à le prendre parmi vous à Tarente.

NERINE.

Las, que ce changement de nom nous a causé de troubles & d'inquiétudes dans les soins que nous avons pris de vous chercher ici?

GÉRONTE.

Où est ma fille & sa mere?

NERINE.

Votre fille, Monsieur, n'est pas loin d'ici; mais avant que de vous la faire voir, il faut que je vous demande pardon de l'avoir mariée, dans l'abandonnement où, faute de vous rencontrer, je me suis trouvée avec elle.

GÉRONTE.

Ma fille mariée?

NERINE.

Oui, Monsieur.

GÉRONTE.

Et avec qui?

NERINE.

Avec un jeune homme nommé Octave, fils d'un certain Seigneur Argante.

GERONTE.

O Ciel !

ARGANTE.

Quelle rencontre !

GERONTE.

Mene-nous, mene-nous promptement où elle est.

NERINE.

Vous n'avez qu'à entrer dans ce logis.

GERONTE.

Passe devant. Suivez-moi, suivez-moi, Seigneur Argante.

SILVESTRE *seul*.

Voilà une aventure qui est tout-à-fait surprenante.

SCENE IX.

SCAPIN, SILVESTRE.

SCAPIN.

HÉ bien, Silvestre, que font nos gens ?

SILVESTRE.

J'ai deux avis à te donner. L'un que l'affaire d'Octave est accommodée. Notre Hiacinte s'est trouvée la fille du Seigneur Géronte & le hasard a fait, ce que la prudence des peres avoit délibéré. L'autre avis, c'est que les deux vieillards font contre toi des menaces épouventables, & sur-tout le Seigneur Géronte.

SCAPIN.

Cela n'est rien. Les menaces ne m'ont jamais fait mal ; & ce sont des nuées qui passent bien loin sur nos têtes.

SILVESTRE.

Prends garde à toi. Les fils se pourroient bien raccommoder avec les peres, & toi demeurer dans la nasse.

SCAPIN.

COMEDIE.

SCAPIN.
Laisse moi faire, je trouverai moyen d'appaiser leur couroux, &...

SILVESTRE.
Retire-toi, les voilà qui sortent.

SCENE X.

GERONTE, ARGANTE, HIACINTE, ZERBINETTE, NERINE, SILVESTRE.

GERONTE.

Allons, ma fille, venez chez moi. Ma joie auroit été parfaite, si j'y avois pu voir votre mere avec vous.

ARGANTE.
Voici Octave tout-à-propos.

SCENE XI.

ARGANTE, GERONTE, OCTAVE, HIACINTE, ZERBINETTE, NERINE, SILVESTRE.

ARGANTE.

Venez, mon fils, venez vous réjouir avec nous de l'heureuse aventure de votre mariage. Le Ciel...

OCTAVE.
Non, mon pere, toutes vos propositions de mariage ne serviront de rien. Je dois lever le masque avec vous, & l'on vous a dit mon engagement.

ARGANTE.

Oui. Mais tu ne fçais pas...

OCTAVE.

Je fçais tout ce qu'il faut fçavoir.

ARGANTE.

Je te veux dire que la fille du Seigneur Géronte...

OCTAVE.

La fille du Seigneur Géronte ne me fera jamais de rien.

GERONTE.

C'eſt elle...

OCTAVE *à Géronte.*

Non, Monſieur, je vous demande pardon, mes réſolutions ſont priſes.

SILVESTRE *à Octave.*

Écoutez...

OCTAVE.

Non. Tais-toi. Je n'écoute rien.

ARGANTE *à Octave.*

Ta femme...

OCTAVE.

Non, vous dis-je mon pere, je mourrai plutôt que de quitter mon aimable Hiacinte. Oui, vous (*Traverſant le Théatre pour ſe mettre à côté d'Hiacinte.*) avez beau faire, la voilà celle à qui ma foi eſt engagée; je l'aimerai toute ma vie, & je ne veux point d'autre femme.

ARGANTE.

Hé bien, c'eſt elle qu'on te donne. Quel diable d'étourdi qui ſuit toujours ſa pointe!

HIACINTE *montrant Géronte.*

Oui, Octave, voilà mon pere que j'ai trouvé, & nous nous voyons hors de peine.

GERONTE.

Allons chez moi, nous ſerons mieux qu'ici pour nous entretenir.

HIACINTE *montrant Zerbinette.*

Ah, mon pere, je vous demande par grace, que je

ne fois pas séparée de l'aimable personne que vous voyez. Elle a un mérite, qui vous fera concevoir de l'estime pour elle quand il sera connu de vous.
GERONTE.
Tu veux que je tienne chez moi une personne qui est aimée de ton frere, & qui m'a dit tantôt au nez mille sottises de moi-même.
ZERBINETTE.
Monsieur, je vous prie de m'excuser. Je n'aurois pas parlé de la sorte, si j'avois sçu que c'étoit vous, & je ne vous connoissois que de réputation.
GERONTE.
Comment, que de réputation?
HIACINTE.
Mon pere, la passion que mon frere a pour elle n'a rien de criminel, & je répond de sa vertu.
GERONTE.
Voilà qui est fort bien. Ne voudroit-on point que je mariasse mon fils avec elle? Une fille inconnue, qui fait le métier de coureuse.

SCENE XII.
ARGANTE, GERONTE, LEANDRE, OCTAVE, HIACINTE, ZERBINETTE, NERINE, SILVESTRE.

LEANDRE.
Mon pere, ne vous plaignez point que j'aime une inconnue, sans naissance & sans bien. Ceux de qui je l'ai rachetée viennent de me découvrir quelle est de cette vile, & d'honnête famille, que ce sont eux qui l'ont dérobée à l'âge de quatre ans; & voici un brasselet qu'ils m'ont donné, qui pourra nous aider à trouver ses parens.
ARGANTE.
Hélas, à voir ce brasselet, c'est ma fille que je perdis à l'âge que vous dites!

GERONTE.

Votre fille ?

ARGANTE.

Oui, ce l'eſt; & j'y vois tous les traits qui m'en peuvent rendre aſſuré. Ma chere fille ?

HIACINTE.

O Ciel, que d'aventures extraordinaires !

SCENE XIII.

ARGANTE, GERONTE, LEANDRE, OCTAVE, HIACINTE, ZERBINETTE, NERINE, SILVESTRE, CARLE.

CARLE.

AH, Meſſieurs, il vient d'arriver un accident étrange !

GERONTE.

Quoi ?

CARLE.

Le pauvre Scapin...

GERONTE.

C'eſt un coquin que je veux faire pendre.

CARLE.

Hélas, Monſieur, vous ne ſerez pas en peine de cela ! En paſſant contre un bâtiment, il lui eſt tombé ſur la tête un marteau de tailleur de pierre, qui lui a briſé l'os, & découvert toute la cervelle. Il ſe meurt, il a prié qu'on l'apportât ici pour vous pouvoir parler avant que de mourir.

ARGANTE.

Où eſt-il ?

CARLE.

Le voilà.

COMEDIE.

SCENE DERNIERE.
ARGANTE, GERONTE, LEANDRE, OCTAVE, HIACINTE, ZERBINETTE, NERINE, SCAPIN, SILVESTRE, CARLE.

SCAPIN *apporté par deux hammes, & la téte entourée de linges, comme s'il avoit été blessé.*

AH, ah ! Messieurs, vous me voyez... Ah, vous me voyez dans un étrange état !... Ah, je n'ai pas voulu mourir, sans venir demander pardon à toutes les personnes que je puis avoir offensées ! Ah, oui, Messieurs, avant que de rendre le dernier soupir, je vous conjure, de tout mon cœur, de vouloir me pardonner tout ce que je puis vous avoir fait, & principalement le Seigneur Argante, & le Seigneur Géronte. Ah !

ARGANTE.

Pour moi, je te pardonne ; va, meurs en repos.

SCAPIN *à Géronte.*

C'est vous, Monsieur, que j'ai le plus offensé par les coups de bâton...

GERONTE.

Ne parle point davantage, je te pardonne aussi.

SCAPIN.

Ç'a été une témerité bien grande à moi, que les coups de bâton que je...

GERONTE.

Laissons cela.

SCAPIN.

J'ai, en mourant, une douleur inconcevable des coups de bâton que...

GERONTE.

Mon Dieu ! Tais-toi.

SCAPIN.
Les malheureux coups de bâton que je vous...

GERONTE.
Tais-toi, te dis-je, j'oublie tout.

SCAPIN.
Hélas, quelle bonté ! Mais eſt-ce de bon cœur, Monſieur, que vous me pardonnez ces coups de bâton que....

GERONTE.
Hé, oui. Ne parlons plus de rien ; je te pardonne tout, voilà qui eſt fait.

SCAPIN.
Ah, Monſieur, je me ſens tout ſoulagé depuis cette parole.

GERONTE.
Oui ; mais je te pardonne à la charge que tu mourras.

SCAPIN.
Comment, Monſieur ?

GERONTE.
Je me dédis de ma parole, ſi tu réchappes.

SCAPIN.
Ah, ah ! Voilà mes foibleſſes qui me reprennent.

ARGANTE.
Seigneur Géronte, en faveur de notre joie, il faut lui pardonner ſans condition.

GERONTE.
Soit.

ARGANTE.
Allons ſouper enſemble, pour mieux goûter notre plaiſir.

SCAPIN.
Et moi, qu'on me porte au bout de la table, en attendant que je meure.

FIN.

PSICHE,

TRAGI-COMÉDIE;

ET BALLET.

AVERTISSEMENT.

CEt Ouvrage n'eſt pas tout d'une même main. Le Carnaval approchoit, & les ordres preſſans du Roi, qui vouloit en voir pluſieurs repreſentations avant le Carême, obligérent Moliere à avoir recours à d'autres perſonnes. Il n'y a de lui que le plan & la diſpoſition du ſujet, les vers qui ſe recitent dans le Prologue, le premier Acte, la premiere Scene du ſecond Acte, & la premiere Scene du troiſieme. Le reſte de la Piece eſt de Pierre Corneille, qui y a employé une quinzaine de jours. Les paroles qui ſe chantent en muſique, ſont de Quinault, à la réſerve de la plainte Italienne.

ACTEURS.

ACTEURS DU PROLOGUE.

FLORE.
VERTUMNE, Dieu des Jardins.
PALEMON, Dieu des Eaux.
VENUS.
L'AMOUR.
EGIALE, } Graces.
PHAENE,
NYMPHES de la suite de Flore, chantantes.
DRYADES & SYLVAINS de la suite de Vertumne, dansans.
SYLVAINS chantans.
DIEUX DES FLEUVES de la suite de Palémon, dansans.
DIEUX DES FLEUVES chantans.
NAYADES.
AMOURS de la suite de Venus, dansans.

ACTEURS DE LA TRAGI-COMÉDIE.

JUPITER.
VENUS.
L'AMOUR.
ZEPHYRE.
EGIALE, } Graces.
PHAENE,
LE ROI, Pere de Psiché.
PSICHE.
AGLAURE, } Sœurs ne Psiché.
CIDIPPE,
CLEOMENE, } Princes, Amans de Psiché.
AGENOR,
LYCAS, Capitaine des Gardes.
DEUX AMOURS,
LE DIEU D'UN FLEUVE.
SUITE DU ROI.

F 5

ACTEURS DES INTERMEDES.

PREMIER INTERMEDE.

FEMME désolée, chantante.
DEUX HOMMES affligés, chantans.
HOMMES affligés, } dansans.
FEMMES désolées, }

SECOND INTERMEDE.

VULCAIN.
CYCLOPES dansans.
FÉES dansantes.

TROISIEME INTERMEDE.

UN ZEPHYR chantant.
DEUR AMOURS chantans.
ZÉPHIRS dansans.
AMOURS dansans.

QUATRIEME INTERMEDE.

FURIES dansantes.
LUTINS faisant des sauts périlleux.

CINQUIEME INTERMEDE.

NOCES DE L'AMOUR ET DE PSICHÉ.

APOLLON.
  LES MUSES chantantes.
  ARTS travestis en Bergers galans, dansans.
BACCHUS.
  SILENE.
  DEUX SATYRES chantans.
  DEUX SATYRES voltigeans.
  EGYPANS dansans.
  MENADES dansantes.
MOME.
  POLICHINELLES dansans.
  MATASSINS dansans.
MARS.
  GUERRIERS portant des Enseignes.
  GUERRIERS portant des Piques.
  GUERRIERS portant des Masses & des Boucliers.
CHŒUR des Divinités célestes.

Tome. IV.

PROLOGUE DE PSICHÉ

PSICHÉ,
TRAGI-COMEDIE, ET BALLET.

PROLOGUE.

Le Théatre represente, sur le devant, un lieu champêtre & la mer dans le fond.

SCENE PREMIERE.

FLORE, VERTUMNE, PALEMON, NYMPHES DE FLORE, DRYADES, SYLVAINS, FLEUVES, NAYADES.

On voit des nuages suspendus en l'air qui, en descendant, roulent, s'ouvrent, s'étendent ; &, répandus dans toute la largeur du Théatre, laissent voir VENUS & L'AMOUR *accompagnés de six* AMOURS, *& à leurs côtés* EGIALE *&* PHAENE.

FLORE.

CE n'est plus le tems de la guerre
Le plus puissant des Rois
Interrompt ses exploits,

F 6

PSICHÉ,

Pour donner la paix à la terre.
Defcendez, mere des Amours,
Venez nous donner de beaux jours.

CHŒUR *des Divinités de la terre & des eaux.*
Nous goûtons une paix profonde,
Les plus doux jeux font ici bas ;
On doit ce repos plein d'appas
    Au plus grand Roi du monde.
Defcendez, mere des Amours,
Venez nous donner de beaux jours.

PREMIERE ENTRÉE DE BALLET.

Les Dryades, les Sylvains, les Dieux des fleuves, & les Nayades fe réuniffent & danfent à l'honneur de Vénus.

VERTUMNE.

Rendez-vous, beautés cruelles,
Soupirez à votre tour.

PALEMON.

Voici la Reine des belles,
Qui vient infpirer l'amour

VERTUMNE.

Un bel objet toujours févére
Ne fe fait jamais bien aimer.

PALEMON.

C'eft la beauté qui commence de plaire,
Mais la douceur acheve de charmer.

TOUS DEUX ENSEMBLE.

C'eft la beauté qui commence de plaire,
Mais la douceur acheve de charmer.

VERTUMNE.

Souffrons tous qu'Amour nous bleffe ;
Languiffons, puifqu'il le faut.

PALEMON.

Que fert un cœur fans tendreffe ?
Eft-il un plus grand défaut.

PROLOGUE.

VERTUMNE.

Un bel objet toujours sévére
Ne se fait jamais bien aimer.

PALEMON.

C'est la beauté qui commence de plaire,
Mais la douceur acheve de charmer.

TOUS DEUX ENSEMBLE.

C'est la beauté qui commence de plaire,
Mais la douceur acheve de charmer.

FLORE.

Est-on sage,
Dans le bel âge,
Est-on sage
De n'aimer pas ?
Que sans cesse,
L'on se presse
De goûter les plaisirs ici-bas.
La sagesse
De la jeunesse,
C'est de sçavoir jouir de ses appas.

II. ENTRÉE DE BALLET.

Les Divinités de la terre & des eaux mêlent leurs danses au chant de Flore.

FLORE.

L'Amour charme
Ceux qu'il désarme ;
L'Amour charme,
Cédons-lui tous.
Notre peine
Seroit vaine
De vouloir résister à ses coups;
Quelque chaîne
Qu'un amant prenne,
La liberté n'a rien qui soit si doux.

CHŒUR *des Divinités de la terre & des eaux.*
Nous goûtons une paix profonde,
Les plus doux jeux font ici-bas ;
On doit ce repos plein d'appas
    Au plus grand Roi du monde.
Descendez, mere des amours,
Venez nous donner de beaux jours.

III. ENTRÉE DE BALLET.

Les Dryades, les Sylvains, les Dieux des Fleuves, & les Nayades, voyant approcher Vénus, continuent d'exprimer, par leurs danses, la joie que leur inspire sa présence.

VENUS *dans sa machine.*

Cessez, cessez, pour moi, tous vos chants d'allégresse,
De si rares honneurs ne m'appartiennent pas ;
Et l'hommage qu'ici votre bonté m'adresse,
Doit être réservé pour de plus doux appas.
    C'est une trop vieille methode
    De me venir faire sa cour ;
    Toutes les choses ont leur tour,
    Et Vénus n'est plus à la mode.
    Il est d'autres attraits naissans,
    Où l'on va porter ses encens ;
Psiché, Psiché la belle, aujourd'hui tient ma place ;
Déjà tout l'Univers s'empresse à l'adorer,
    Et c'est trop que dans ma disgrace,
Je trouve encor quelqu'un qui me daigne honorer.
On ne balance point entre nos deux mérites,
A quitter mon parti tout s'est licentié,
Et, du nombreux amas de Graces favorites
Dont je traînois par-tout les soins & l'amitié
Il ne m'en est resté que deux des plus petites,
    Qui m'accompagnent par pitié.

PROLOGUE.

Souffrez que ces demeures sombres
Prêtent leur solitude aux troubles de mon cœur,
Et me laissez, parmi les ombres,
Cacher ma honte & ma douleur.

Flore & les autres Déités se retirent; & Vénus avec sa suite sort de sa machine.

SCENE II.

VENUS *descendue sur la terre*, L'AMOUR, EGIALE, PHAENE, AMOURS.

EGIALE.

Nous ne sçavons, Déesse, comment faire,
Dans ce chagrin qu'on voit vous accabler,
Notre respect veut se taire,
Notre zèle veut parler.

VENUS.

Parlez ; mais, si vos soins aspirent à me plaire,
Laissez tout vos conseils pour une autre saison ;
Et ne parlez de ma colere,
Que pour dire que j'ai raison.
C'étoit-là, c'étoit-là la plus sensible offense,
Que ma Divinité pût jamais recevoir ;
Mais j'en aurai la vengeance,
Si les Dieux ont du pouvoir.

PHAENE.

Vous avez plus que nous de clartés, de sagesse
Pour juger ce qui peut être digne de vous ;
Mais, pour moi, j'aurois crû qu'une grande Déesse
Devroit moins se mettre en courroux.

VENUS.

Et c'est-là la raison de ce courroux extrême.
Plus mon rang a d'éclat, plus l'affront est sanglant,

Et, si je n'étois pas dans ce degré suprême,
Le dépit de mon cœur seroit moins violent.
Moi, la fille du Dieu qui lance le tonnerre ;
   Mere du Dieu qui fait aimer ;
Moi, les plus doux souhaits du Ciel & de la terre,
Et qui ne suis venue au jour que pour charmer ;
   Moi, qui, par tout ce qui respire,
Ai vu de tant de vœux encenser mes autels,
Et qui, de la beauté, par des droits immortels,
Ai tenu de tout tems le souverain empire ;
Moi, dont les yeux ont mis deux grandes Déités
Au point de me céder le prix de la plus belle,
Je me vois ma victoire & mes droits disputés,
   Par une chétive mortelle,
Le ridicule excès d'un fol entêtement
Va jusqu'à m'opposer une petite fille ?
Sur ses traits & les miens j'essuyerai constamment
   Un téméraire jugement,
   Et, du haut des Cieux, où je brille ;
J'entendrai prononcer aux mortels prévenus ;
   Elle est plus belle que Vénus ?

EGIALE.

Voilà comme l'on fait ; c'est le style des hommes,
Ils sont impertinens dans leurs comparaisons.

PHAENE.

Ils ne sçauroient louer, dans le siecle où nous sommes
   Qu'ils n'outragent les plus grands noms.

VENUS.

Ah, que de ces trois mots la rigueur insolente
   Venge bien Junon & Pallas,
Et console leurs cœurs de la gloire éclatante
Que la fameuse pomme acquit à mes appas !
Je les vois s'applaudir de mon inquiétude,
Affecter à toute heure un ris malicieux,
Et d'un fixe regard, charger avec étude
   Ma confusion dans mes yeux.

PROLOGUE.

Leur triomphante joie, au fort d'un tel outrage,
Semble me venir dire, insultant mon courroux:
Vante, vante, Vénus, les traits de ton visage,
Au jugement d'un seul tu l'emportas sur nous;
  Mais par le jugement de tous,
Une simple mortelle a sur moi l'avantage.
Ah, ce coup-là m'acheve, il me perce le cœur,
Je n'en puis plus souffrir les rigueurs sans égales;
Et c'est trop de surcroît à ma vive douleur,
  Que le plaisir de mes rivales!
Mon fils, si j'eus jamais sur toi quelque crédit,
  Et si jamais je te fus chere,
Si tu portes un cœur à sentir le dépit
  Qui trouble le cœur d'une mere
  Qui si tendrement te chérit,
Emploie, emploie ici l'effort de ta puissance
  A soutenir mes intérêts;
  Et fais à Psiché, par tes traits,
  Sentir les traits de ma vengeance.
  Pour rendre son cœur malheureux,
Prends celui de tes traits le plus propre à me plaire,
  Le plus empoisonné de ceux
  Que tu lances dans ta colere.
Du plus bas, du plus vil, du plus affreux mortel,
Fais que, jusqu'à la rage, elle soit enflammée;
Et qu'elle ait à souffrir le supplice cruel
  D'aimer, & n'être point aimée.

L'AMOUR.

Dans le monde on n'entend que plaintes de l'Amour;
On m'impute par-tout mille fautes commises,
Et vous ne croiriez point le mal & les sottises
  Que l'on dit de moi chaque jour.
  Si pour servir votre colere.....

VENUS.

Va, ne résiste point aux souhaits de ta mere;

N'applique tes raisonnemens
Qu'à chercher les plus prompts momens
De faire un sacrifice à ma gloire outragée.
Pars, pour toute réponse à mes empressemens;
Et ne me revois point que je ne sois vengée.
(*l'Amour s'envole.*)

Fin du Prologue.

Tome . IV.

PSICHÉ

PSICHÉ,
TRAGI-COMEDIE, & BALLET.

ACTE PREMIER.
Le Théatre represente le Palais du Roi.

SCENE PREMIERE.
AGLAURE, CIDIPPE.
AGLAURE.

Il est des maux, ma sœur, que le silence aigrit,
Laissons, laissons parler mon chagrin & le vôtre ;
Et de nos cœurs, l'un à l'autre,
Exhalons le cuisant dépit.
Nous nous voyons sœurs d'infortune ;
Et la vôtre & la mienne ont un si grand rapport,
Que nous pouvons mêler toutes les deux en une,
Et dans notre juste transport,
Murmurer à plainte commune,
Des cruautés de notre sort.

Quelle fatalité secrete,
Ma sœur, soumet tout l'Univers
Aux attraits de notre cadette ;
Et, de tant de Princes divers
Qu'en ces lieux la fortune jette,
N'en presente aucun à nos fers ?
Quoi, voir de toutes parts, pour lui rendre les armes,
Les cœurs se précipiter,
Et passer devant nos charmes,
Sans s'y vouloir arrêter !
Quel sort ont nos yeux en partage,
Et qu'est-ce qu'ils ont fait aux Dieux,
De ne jouir d'aucun hommage ?
Parmi tous ces tributs de soupirs glorieux
Dont le superbe avantage
Fait triompher d'autres yeux ?
Est-il pour nous, ma sœur, de plus rude disgrace,
Que de voir tous les cœurs méprifer nos appas ;
Et l'heureuse Psiché jouir avec audace
D'une foule d'amans attachés à ses pas ?

CIDIPPE.

Ah, ma sœur, c'est une aventure
A faire perdre la raison ;
Et tous les maux de la nature.
Ne sont rien en comparaison.

AGLAURE.

Pour moi, j'en suis souvent jusqu'à verser des larmes.
Tout plaisir, tout repos par-là m'est arraché :
Contre un pareil malheur ma constance est sans armes.
Toujours à ce chagrin mon esprit attaché
Me tient devant les yeux la honte de nos charmes,
Et le triomphe de Psiché.
La nuit, il m'en repasse une idée éternelle
Qui sur toute chose prévaut.
Rien ne me peut chasser cette image cruelle ;
Et, dès qu'un doux sommeil me vient délivrer d'elle,

Dans mon esprit, aussi-tôt,
Quelque songe la rappelle
Qui me réveille en sursaut.
CIDIPPE.
Ma sœur, voilà mon martyre.
Dans vos discours je me voi ;
Et vous venez-là de dire
Tout ce qui se passe en moi.
AGLAURE.
Mais encore, raisonnons un peu sur cette affaire.
Quels charmes si puissans en elle sont épars ?
Et par où, dites-moi, du grand secret de plaire,
L'honneur est-il acquis à ses moindres regards ?
  Que voit-on dans sa personne,
  Pour inspirer tant d'ardeur ?
  Quel droit de beauté lui donne
  L'empire de tous les cœurs ?
Elle a quelques attraits, quelque éclat de jeunesse,
On en tombe d'accord, je n'en disconviens pas ;
Mais lui cede-t-on fort pour quelque peu d'aînesse,
  Et se voit-on sans appas ?
Est-on d'une figure à faire qu'on se raille ?
N'a-t-on point quelques traits, & quelques agrémens,
Quelque teint, quelques yeux, quelque air & quelque taille
A pouvoir dans nos fers jetter quelques amans ?
  Ma sœur, faites-moi la grace
  De me parler franchement.
Suis-je faite d'un air, à votre jugement,
Que mon mérite au sien doive céder la place ;
  Et, dans quelque ajustement,
  Trouvez-vous qu'elle m'efface ?
CIDIPPE.
Qui, vous, ma sœur ? Nullement.
Hier à la chasse, près d'elle,
Je vous regardai long-tems,

Et sans vous donner d'encens,
Vous me parûtes plus belle.
Mais, moi, dites, ma sœur, sans me vouloir flatter,
Sont-ce des visions que je me mets en tête,
Quand je me crois taillée à pouvoir mériter
La gloire de quelque conquête ?
AGLAURE.
Vous, ma sœur, vous avez, sans nul déguisement,
Tout ce qui peut causer une amoureuse flamme.
Vos moindres actions brillent d'un agrément
Dont je me sens toucher l'ame ;
Et je serois votre amant,
Si j'étois autre que femme.
CIDIPPE.
D'où vient donc qu'on la voit l'emporter sur nous deux,
Qu'à ses premiers regards les cœurs rendent les armes,
Et que, d'aucun tribut de soupirs & de vœux,
On ne fait honneur à nos charmes ?
AGLAURE.
Toutes les Dames, d'une voix,
Trouvent ses appas peu de chose ;
Et, du nombre d'amans qu'elle tient sous ses loix,
Ma sœur, j'ai découvert la cause.
CIDIPPE.
Pour moi, je la devine ; & l'on doit présumer
Qu'il faut que là-dessous soit caché du myftere.
Ce secret de tout enflammer
N'est point de la nature un effet ordinaire,
L'art de Thessalie entre dans cette affaire ?
Et quelque main a sçu, sans doute lui former
Un charme pour se faire aimer.
AGLAURE.
Sur un plus fort appui ma croyance se fonde ;
Et le charme qu'elle a pour attirer les cœurs,
C'est un air, en tout tems, désarmé de rigueurs,

Des regards caressans que la bouche seconde,
  Un souris, chargé de douceurs,
  Qui tend les bras à tout le monde,
  Et ne vous promet que faveurs.
Notre gloire n'est plus aujourd'hui conservée ;
Et l'on n'est plus au tems de ces nobles fiertés,
Qui par un digne essai d'illustres cruautés,
Vouloient voir d'un amant la constance éprouvée.
De tout ce noble orgueil, qui nous séyoit si bien,
On est bien descendu dans le siecle où nous sommes ;
Et l'on en est réduite à n'espérer plus rien,
A moins que l'on se jette à la tête des hommes.

CIDIPPE.

Oui, voilà le secret de l'affaire ; & je voi
  Que vous le preniez mieux que moi.
C'est pour nous attacher à trop de bienséance,
Qu'aucun amant, ma sœur, à nous ne veut venir ;
  Et nous voulons trop soutenir
L'honneur de notre sexe, & de notre naissance.
Les hommes maintenant aiment ce qui leur rit,
L'espoir, plus que l'amour, est ce qui les attire ;
  Et c'est par-là que Psiché nous ravit
  Tous les amans qu'on voit sous son empire.
Suivons, suivons l'exemple, ajustons-nous au tems,
Abaissons-nous, ma sœur, à faire des avances ;
Et ne ménageons plus de tristes bienséances
Qui nous ôtent le fruit du plus beau de nos ans.

AGLAURE.

J'approuve la pensée, & nous avons matiere
  D'en faire l'épreuve premiere
Aux deux Princes qui sont les derniers arrivés.
Ils sont charmans, ma sœur, & leur personne entiere.
    Me.... Les avez-vous observés ?

CIDIPPE.

Ah, ma sœur, ils sont faits tous deux d'une maniere,
Que mon ame.... Ce sont deux Princes achevés.

AGLAURE.

Je trouve qu'on pourroit rechercher leur tendreſſe,
Sans ſe faire deshonneur.

CIDIPPE.

Je trouve que ſans honte, une belle Princeſſe
Leur pourroit donner ſon cœur.

AGLAURE.

Les voici tous deux; & j'admire
Leur air & leur ajuſtement.

CIDIPPE.

Ils ne démentent nullement
Tout ce que venons de dire.

SCENE II.

CLEONTE, AGENOR, AGLAURE, CIDIPPE.

AGLAURE.

D'Où vient, Princes, d'où vient que vous fuyez ainſi?
Prenez-vous l'épouvente en nous voyant paroître?

CLEOMENE.

On nous faiſoit croire qu'ici
La Princeſſe Pſiché, Madame pourroit être.

AGLAURE.

Tous ces lieux n'ont-ils rien d'agréable pour vous,
Si vous ne les voyez ornés de ſa preſence?

AGENOR.

Ces lieux peuvent avoir des charmes aſſez doux;
Mais nous cherchons Pſiché dans notre impatience.

CIDIPPE.

Quelque choſe de bien preſſant
Vous doit, à la chercher, pouſſer tous deux, ſans doute.

CLEOMENE.

CLEOMENE.
Le motif est assez puissant,
Puisque notre fortune enfin en dépend toute.
AGLAURE.
Ce seroit trop à nous que de nous informer.
Du secret que ces mots nous peuvent enfermer.
CLEOMENE.
Nous ne prétendons point en faire de mystere,
Aussi-bien, malgré nous, paroîtroit-il au jour ;
    Et le secret ne dure guere,
    Madame, quand c'est de l'amour.
CIDIPPE.
Sans aller plus avant, Princes, cela veut dire,
    Que vous aimez Psiché tous deux.
AGENOR.
    Tous deux soumis à son empire,
Nous allons, de concert, lui découvrir nos feux.
AGLAURE.
C'est une nouveauté, sans doute, assez bizarre,
    Que deux rivaux si bien unis.
CLEOMENE.
    Il est vrai que la chose est rare,
Mais non pas impossible à deux parfaits amis.
CIDIPPE.
Est-ce que dans ces lieux il n'est qu'elle de belle,
Et n'y trouvez-vous point à séparer vos vœux ?
AGLAURE.
Parmi l'éclat du sang, vos yeux n'ont-ils vu qu'elle
    A pouvoir mériter vos feux ?
CLEOMENE.
Est-ce que l'on consulte au moment qu'on s'enflâme ?
    Choisit-on qui l'on veut aimer ?
    Et, pour donner toute son ame,
Regarde-t-on quel droit on a de nous charmer ?
AGENOR.
    Sans qu'on ait le pouvoir d'élire,
    On suit dans une telle ardeur,
    Quelque chose qui nous attire.

Et lorsque l'amour touche un cœur,
On n'a point de raison à dire.
AGLAURE.
En vérité, je plains les fâcheux embarras
Où je vois que vos cœurs se mettent.
Vous aimez un objet dont les rians appas
Méleront des chagrins à l'espoir qu'ils vous jettent ;
Et son cœur ne vous tiendra pas
Tout ce que ces yeux vous promettent.
CIDIPPE.
L'espoir qui vous appelle au rang de ses amans,
Trouvera du mécompte aux douceurs qu'elle étale ;
Et c'est pour essuyer de très-fâcheux momens,
Que les soudains retours de son ame inégale.
AGLAURE.
Un clair discernement de ce que vous valez
Nous fait plaindre le sort où cet amour vous guide ;
Et vous pouvez trouver, tous deux si vous voulez,
Avec autant d'attraits une ame plus solide.
CIDIPPE.
Par un choix plus doux de moitié
Vous pouvez de l'amour sauver votre amitié.
Et l'on voit, en vous deux, un mérite si rare,
Qu'un tendre avis veut bien prévenir, par pitié,
Ce que votre cœur se prépare.
CLEOMENE.
Cet avis généreux, fait pour nous, éclater
Des bontés qui nous touchent l'ame ;
Mais le Ciel nous réduit à ce malheur, Madame,
De ne pouvoir en profiter.
AGENOR.
Votre illustre pitié veut en vain nous distraire
D'un amour dont tous deux nous redoutons l'effet ;
Ce que notre amitié, Madame, n'a pas fait,
Il n'est rien qui le puisse faire.
CIDIPPE.
Il faut que le pouvoir de Psiché.... La voici.

SCENE III.
PSICHÉ, CIDIPPE, AGLAURE, CLEOMENE, AGENOR.

CIDIPPE.

Venez jouir, ma sœur, de ce qu'on vous apprête.

AGLAURE.
Préparez vos attraits à recevoir ici.
Le triomphe nouveau d'une illustre conquête.

CIDIPPE.
Ces Princes ont tous deux si bien senti vos coups,
Qu'à vous le découvrir, leur bouche se dispose.

PSICHÉ.
Du sujet qui les tient si rêveurs parmi nous,
    Je ne me croyois pas la cause ;
    Et j'aurois cru tout autre chose,
    En les voyant parler à vous.

AGLAURE.
    N'ayant ni beauté, ni naissance
A pouvoir mériter leur amour & leurs soins,
    Ils nous favorisent au moins
    De l'honneur de la confidence.

CLEOMENE à *Psiché.*
L'aveu qu'il nous faut faire à vos divins appas,
Est, sans doute, Madame, un aveu téméraire ;
    Mais tant de cœurs, près du trépas,
Sont, par de tels aveux, forcés à vous déplaire,
Que vous êtes réduite à ne les punir pas
    Des foudres de votre colere.
    Vous voyez en nous deux amis
Qu'un doux rapport d'humeurs sçut joindre dès l'enfance.

Et ces tendres liens se sont vus affermis
Par cent combats d'estime & de reconnoissance.
Du destin ennemi les assauts rigoureux,
Les mépris de la mort & l'aspect des supplices,
Par d'illustres éclats de mutuels offices,
Ont de notre amitié signalé les beaux nœuds;
Mais, à quelques essais qu'elle se soit trouvée,
　　　Son grand triomphe est en ce jour,
Et rien ne fait tant voir sa constance éprouvée,
Que de se conserver au milieu de l'amour.
Oui, malgré tant d'appas, son illustre constance,
Aux loix qu'elle nous fait, a soumis tous nos vœux;
Elle vient, d'une douce & pleine déférence,
Remettre à votre choix le succès de nos feux;
Et pour donner un poids à notre concurrence,
Qui, des raisons d'Etat, entraîne la balance
　　　Sur le choix de l'un de nous deux,
Cette même amitié s'offre, sans répugnance,
D'unir nos deux Etats au sort du plus heureux.

AGENOR.

　　　Oui, de ces deux Etats, Madame,
Que sous votre heureux choix nous nous offrons
　d'unir,
　　　Nous voulons faire à notre flamme
　　　Un secours pour vous obtenir
Ce que, pour ce bonheur, près du Roi votre pere,
　　　Nous nous sacrifions tous deux,
N'a rien de difficile à nos cœurs amoureux;
Et c'est au plus heureux faire un don nécessaire
　　　D'un pouvoir dont le malheureux,
　　　Madame, n'aura plus affaire.

PSICHÉ.

Le choix que vous m'offrez, Princes, montre, à
　mes yeux,
De quoi remplir les vœux de l'ame la plus fiere;
Et vous me le parez tous deux d'une maniere,
Qu'on ne peut rien offrir qui soit plus précieux.

Vos feux, votre amitié, votre vertu supréme,
Tout me releve en vous l'offre de votre foi ;
Et j'y vois un mérite à s'opposer lui-même
    A ce que vous voulez de moi.
Ce n'est pas à mon cœur qu'il faut que je défere
    Pour entrer sous de tels liens ;
Ma main, pour se donner, attend l'ordre d'un pere,
Et mes sœurs ont des droits qui vont devant les miens.
Mais, si l'on me rendoit sur mes vœux absolue,
Vous y pourriez avoir trop de part à la fois ;
Et toute mon estime, entre vous suspendue,
Ne pourroit sur aucun laisser tomber mon choix.
    A l'ardeur de votre poursuite,
Je répondrois assez de mes vœux les plus doux ;
    Mais c'est parmi tant de mérite,
Trop que deux cœurs pour moi, trop peu qu'un cœur pour vous.
De mes plus doux souhaits j'aurois l'ame gênée,
    A l'effort de votre amitié ;
Et j'y vois l'un de vous prendre une destinée
    A me faire trop de pitié.
Oui, Princes, à tous ceux dont l'amour suit le vôtre,
Je vous préférerois tous deux avec ardeur ;
    Mais je n'aurois jamais le cœur
De pouvoir préférer l'un de vous deux à l'autre.
    A celui que je choisirois,
Ma tendresse feroit un trop grand sacrifice ;
Et je m'imputerois à barbare injustice,
    Le tort qu'à l'autre je ferois.
Oui, tous deux vous brillez de trop de grandeur d'ame,
    Pour en faire aucun malheureux ;
Et vous devez chercher dans l'amoureuse flamme
    Le moyen d'être heureux tous deux.
    Si votre cœur me considere
Assez, pour me souffrir de disposer de vous,

J'ai deux sœurs capables de plaire,
Qui peuvent bien vous faire un destin assez doux;
Et l'amitié me rend leur personne assez chere,
    Pour vous souhaiter leurs époux.

CLEOMENE.

    Un cœur dont l'amour est extrême
    Peut-il bien consentir, hélas,
    D'être donné parce qu'il aime !
Sur nos deux cœurs, Madame, à vos divins appas,
    Nous donnons un pouvoir suprême,
    Disposez-en pour le trépas ;
    Mais pour un autre que vous-même ;
Ayez cette bonté de n'en disposer pas.

AGENOR.

Aux Princesses, Madame, on feroit trop d'outrage;
Et c'est, pour leurs attraits un indigne partage,
    Que les restes d'une autre ardeur.
Il faut d'un premier feu la pureté fidele,
    Pour aspirer à cet honneur
    Où votre bonté nous appelle ;
    Et chacune mérite un cœur
    Qui n'ait soupiré que pour elle.

AGLAURE.

    Il me semble, sans nul courroux,
    Qu'avant que de vous en défendre ;
    Princes, vous deviez bien attendre
    Qu'on se fût expliqué sur vous.
Nous croyez-vous un cœur si facile & si tendre ?
Et, lorsqu'on parle ici de vous donner à nous,
    Sçavez-vous si l'on veut vous prendre ?

CIDIPPE.

Je pense qu'on a d'assez hauts sentimens
Pour refuser un cœur qu'il faut qu'on sollicite,
Et qu'on ne veut devoir qu'à son propre mérite
    La conquête de ses amans.

PSICHÉ.

J'ai cru pour vous, mes sœurs, une gloire assez grande,
Si la possession d'un mérite si haut...

SCENE IV.

PSICHÉ, AGLAURE, CIDIPPE, CLEOMENE, AGENOR, LYCAS.

LYCAS à Psiché.

AH, Madame !
PSICHÉ.
Qu'as-tu ?
LYCAS.
Le Roi....
PSICHÉ.
Quoi ?
LYCAS.
Vous demande.
PSICHÉ.
De ce trouble si grand que faut-il que j'attende ?
LYCAS.
Vous ne le sçaurez que trop tôt.
PSICHÉ.
Hélas, que pour le Roi tu me donnes à craindre ?
LYCAS.
Ne craignez que pour vous, c'est vous que l'on doit plaindre.
PSICHÉ.
C'est pour louer le Ciel ; & me voir hors d'effroi,
De sçavoir que je n'aie à craindre que pour moi.
Mais apprends-moi, Lycas, le sujet qui te touche.
LYCAS.
Souffrez que j'obéisse à qui m'envoie ici,
Madame, & qu'on vous laisse apprendre de sa bouche
Ce qui peut m'affliger ainsi.
PSICHÉ.
Allons sçavoir sur quoi l'on craint tant ma foiblesse.

SCENE V.
AGLAURE, CIDIPPE, LYCAS.
AGLAURE.

SI ton ordre n'est pas jusqu'à nous étendu,
Dis-nous quel grand malheur nous couvre ta tristesse.
LYCAS.
Hélas, ce grand malheur dans la Cour répandu,
    Voyez-le vous-même, Princesse,
Dans l'oracle qu'au Roi les destins ont rendu !
Voici ses propres mots, que la douleur, Madame,
    A gravés au fond de mon ame.

    Que l'on ne pense nullement
A vouloir de Psiché conclure l'hymenée ;
Mais qu'au sommet d'un mont elle soit promptement
    En pompe funebre menée ;
    Et que de tous abandonnée,
Pour époux elle attende en ces lieux constamment,
Un monstre, dont on a la vue empoisonnée,
Un serpent qui répand son venin en tous lieux,
Et trouble dans sa rage & la terre & les Cieux.

    Après un Arrêt si sévere,
Je vous quitte ; & vous laisse à juger entre vous,
Si par de plus cruels & plus sensibles coups,
Tous les Dieux nous pouvoient expliquer leur colere.

SCENE VI.

AGLAURE, CIDIPPE.

CIDIPPE.

MA sœur, que sentez-vous à ce soudain malheur,
Où nous voyons Psiché par les destins plongée ?
AGLAURE.
Mais vous, que sentez-vous, ma sœur ?
CIDIPPE.
Je n'en suis pas trop affligée.
A ne vous point mentir je sens que dans mon cœur
AGLAURE.
Moi, je sens quelque chose au mien
Qui ressemble assez à la joie.
Allons. Le destin nous envoie
Un mal que nous pouvons regarder comme un bien.

Fin du premier Acte.

PREMIER INTERMEDE.

La Scene est changée en des rochers affreux, & fait voir dans l'éloignement une effroyable solitude.

C'est dans ce désert que Psiché doit être exposée pour obéir à l'Oracle. Une troupe de personnes affligées y viennent déplorer sa disgrace.

FEMMES *désolées,* HOMMES *affligés, chantans & dansans.*

UNE FEMME *désolée.*

DEh, piangete al pianto mio,
Sassi duri, antiche selve,
Lacrimate fonti, e belue,
D'un bel volto il fato rio.

1. HOMME *affligé.*
Ahi dolore !
2. HOMME *affligé.*
Ahi martire !
1. HOMME *affligé.*
Cruda morte !
FEMME *désolée*, & 2. HOMME *affligé.*
Empia forte !
Les deux HOMMES *affligés.*
Che condanni à morir tanta beltà.
TOUS TROIS ENSEMBLE.
Cieli, ftelle ! Ahi crudeltà !
UNE FEMME *désolée.*
Rifpondete à miei lamenti,
Antri cavi, afcofe rupi,
Deh ridite, fondi cupi,
Del mio duolo i mefti accenti.
1. HOMME *affligé.*
Ahi dolore !
2. HOMME *affligé.*
Ahi martire !
1. HOMME *affligé.*
Cruda morte !
FEMME *désolée*, & 2. HOMME *affligé.*
Empia forte !
Les deux HOMMES *affligés.*
Che condanni à morir tanta beltà.
TOUS TROIS ENSEMBLE.
Cieli, ftelle ! Ahi crudeltà !
2. HOMME *affligé.*
Com'éffer puo fra voi, ô Numi eterni,
Chi voglia eftinta una beltà innocente ?
Ahi ! Che tanto rigor, cielo inclemente,
Vince di crudeltà gli fteffi inferni.
1. HOMME *affligé.*
Nume fiero !
2. HOMME *affligé.*
Dio fevero !

TRAGI-COMÉDIE, & BALLET.

Les deux HOMMES *affligés.*
Perche tanto rigor
Contro innocente cor ?
Ahi, sentenza inudita,
Dar morte à la beltà, ch'altrui da vita !

ENTRÉE DE BALLET.

Six hommes affligés, & six femmes désolées, expriment en dansant leur douleur par leurs attitudes.

UNE FEMME *désolée.*

Ahi ch'indarno si tarda,
Non resiste à gli Dei mortale affetto,
Alto impero ne sforza,
Ove commanda il Ciel, l'Uom cede à sforza,

1. HOMME *affligé.*
Ahi dolore !

2. HOMME *affligé.*
Ahi martire !

1. HOMME *affligé.*
Cruda morte !

FEMME *désolée*, & 2 HOMME *affligé.*
Empia sorte !

Les deux HOMMES *affligés.*
Che condanni à morir tanta beltà !

TOUS TROIS ENSEMBLE.
Cieli, stelle ! Ahi crudeltà !

Fin du premier Intermede.

ACTE II.

SCENE PREMIERE.

LE ROI, PSICHÉ, AGLAURE, CIDIPPE, LYCAS, suite.

PSICHÉ.

DE vos larmes, Seigneur, la source m'est bien chere;
Mais c'est trop aux bontés que vous avez pour moi,
Que de laisser régner les tendresses de pere
    Jusques dans les yeux d'un grand Roi.
Ce qu'on vous voit ici donner à la nature,
Au rang que vous tenez, Seigneur, fait trop d'injure;
Et j'en dois refuser les touchantes faveurs.
    Laissez moins, sur votre sagesse,
    Prendre d'empire à vos douleurs;
Et cessez d'honorer mon destin par des pleurs
Qui, dans le cœur d'un Roi, montrent de la foiblesse.

LE ROI.

Ah, ma fille, à ces pleurs laisse mes yeux ouverts,
Mon deuil est raisonnable, encore qu'il soit extrême !
Et, lorsque pour toujours on perd ce que je perds,
La sagesse, crois-moi, peut pleurer elle-même.
    En vain l'orgueil du Diadéme
Veut qu'on soit insensible à ces cruels revers,
En vain, de la raison, les secours sont offerts
Pour vouloir d'un œil sec voir mourir ce qu'on aime;
L'effort en est barbare aux yeux de l'Univers,
Et c'est brutalité plus que vertu suprême.
    Je ne veux point, dans cette adversité,
    Parer mon cœur d'insensibilité,

Et cacher l'ennui qui me touche;
Je renonce à la vanité
De cette dureté farouche,
Que l'on appelle fermeté;
Et, de quelque façon qu'on nomme
Cette vive douleur dont je ressens les coups,
Je veux bien l'étaler, ma fille, aux yeux de tous,
Et, dans le cœur d'un Roi, montrer le cœur d'un homme.

PSICHÉ.

Je ne mérite pas cette grande douleur;
Opposez, opposez un peu de résistance
Aux droits qu'elle prend sur un cœur
Dont mille événemens ont marqué la puissance.
Quoi, faut-il que, pour moi, vous renonciez, Seigneur,
A cette royale constance
Dont vous avez fait voir, dans les coups du malheur,
Une fameuse expérience ?

LE ROI.

La constance est facile en mille occasions.
Toutes les révolutions
Où nous peut exposer la fortune inhumaine,
La perte des grandeurs, les persécutions,
Le poison de l'envie, & les traits de la haine,
N'ont rien, que ne puissent, sans peine,
Braver les résolutions
D'une ame où la raison est un peu souveraine.
Mais ce qui porte des rigueurs
A faire succomber les cœurs
Sous le poids des douleurs ameres,
Ce sont, ce sont les rudes traits
De ces fatalités séveres,
Qui nous enlevent pour jamais
Les personnes qui nous sont cheres.
La raison, contre de tels coups,
N'offre point d'armes secourables;
Et voilà, des Dieux en courroux,

PSICHÉ,
Les foudres les plus redoutables
Qui se puissent lancer sur nous.
PSICHÉ.
Seigneur, une douceur ici vous est offerte.
Votre hymen a reçu plus d'un present des Dieux;
Et, par une faveur ouverte,
Ils ne vous ôtent rien, en m'ôtant à vos yeux,
Dont ils n'aient pris soin de réparer la perte.
Il vous reste de quoi consoler vos douleurs;
Et cette loi du Ciel, que vous nommez cruelle,
Dans les deux Princesses mes sœurs,
Laisse à l'amitié paternelle
Où placer toutes ses douceurs.
LE ROI.
Ah, de mes maux soulagement frivole !
Rien, rien ne s'offre à moi qui de toi me console.
C'est sur mes déplaisirs que j'ai les yeux ouverts;
Et dans un destin si funeste,
Je regarde ce que je perds,
Et ne vois point ce qui me reste.
PSICHÉ.
Vous sçavez mieux que moi qu'aux volontés des Dieux,
Seigneur, il faut régler les nôtres;
Et je ne puis vous dire, en ces tristes adieux,
Que ce que beaucoup mieux vous pouvez dire aux autres.
Ces Dieux sont maîtres souverains
Des presens qu'ils daignent nous faire,
Ils ne les laissent dans nos mains
Qu'autant de tems qu'il peut leur plaire;
Lorsqu'ils viennent les retirer,
On n'a nul droit de murmurer
Des graces que leur main ne veut plus nous étendre.
Seigneur, je suis un don qu'ils ont fait à vos vœux;
Et quand, par cet arrêt, ils veulent me reprendre;
Ils ne vous ôtent rien que vous ne teniez d'eux,
Et c'est sans murmurer que vous devez me rendre.

TRAGI-COMEDIE, & BALLET.

LE ROI.

Ah, cherche un meilleur fondement
Aux consolations que ton cœur me presente;
Et, de la fausseté de ce raisonnement,
Ne fais point un accablement
A cette douleur si cuisante,
Dont je souffre ici le tourment.
Crois-tu là me donner une raison puissante,
Pour ne me plaindre point de cet arrêt des Cieux?
Et, dans le procédé des Dieux,
Dont tu veux que je me contente,
Une rigueur assassinante
Ne paroît-elle pas aux yeux?
Vois l'état où ces Dieux me forcent à te rendre,
Et l'autre où te reçut mon cœur infortuné;
Tu connoîtras par-là qu'ils me viennent reprendre
Bien plus que ce qu'ils m'ont donné.
Je reçus d'eux en toi, ma fille,
Un present que mon cœur ne leur demandoit pas;
J'y trouvois alors peu d'appas,
Et leur en vis, sans joie, accroître ma famille.
Mais mon cœur, ainsi que mes yeux,
S'est fait de ce present une douce habitude;
J'ai mis quinze ans de soins, de veilles & d'étude,
A me le rendre précieux;
Je l'ai paré de l'aimable richesse
De mille brillantes vertus;
En lui j'ai renfermé, par des soins assidus,
Tous les plus beaux trésors que fournit la sagesse;
A lui, j'ai de mon ame attaché la tendresse;
J'en ai fait de ce cœur le charme & l'allégresse,
La consolation de mes sens abattus,
Le doux espoir de ma vieillesse;
Ils m'ôtent tout cela, ces Dieux,
Et tu veux que je n'aie aucun sujet de plainte,
Sur cet affreux arrêt dont je souffre l'atteinte?
Ah, leur pouvoir se joue avec trop de rigueur
Des tendresses de notre cœur.

Pour m'ôter leur present, leur falloit-il attendre
   Que j'en eusse fait tout mon bien ?
Ou plutôt, s'ils avoient dessein de le reprendre,
N'eût-il pas été mieux de ne me donner rien ?
PSICHE.
  Seigneur, redoutez la colere
De ces Dieux contre qui vous osez éclater.
LE ROI.
  Aprés ce coup que peuvent-ils me faire ?
Ils m'ont mis en état de ne rien redouter.
PSICHE.
  Ah, Seigneur, je tremble des crimes
Que je vous fais commettre, & je dois me haïr.
LE ROI.
Ah, qu'ils souffrent, du moins, mes plaintes légitimes,
Ce m'est assez d'effort que de leur obéir ;
Ce doit leur être assez que mon cœur t'abandonne
Au barbare respect qu'il faut qu'on ait pour eux,
Sans prétendre gêner la douleur qu'on me donne
L'épouventable arrêt d'un sort si rigoureux !
Mon juste désespoir ne sçuroit se contraindre,
Je veux, je veux garder ma douleur à jamais,
Je veux sentir toujours la perte que je fais,
De la rigueur du Ciel je veux toujours me plaindre,
Je veux jusqu'au trépas incessamment pleurer
Ce que tout l'Univers ne me peut reparer.
PSICHE.
Ah, de grace, Seigneur, épargnez ma foiblesse.
J'ai besoin de constance en l'état où je suis.
Ne fortifiez point l'excès de mes ennuis
   Des larmes de votre tendresse.
Seuls, ils sont assez forts ; & c'est trop, pour mon cœur,
   De mon destin & de votre douleur.
LE ROI.
Oui, je dois t'épargner mon deuil inconsolable,
Voici l'instant fatal de m'arracher de toi ;

Mais comment prononcer ce mot épouvantable ?
Il le faut toutefois, le Ciel m'en fait la loi ;
  Une rigueur inévitable
M'oblige à te laisser en ce funeste lieu.
  Adieu, je vais.... Adieu.

SCENE II.

PSICHÉ, AGLAURE, CIDIPPE.

PSICHÉ.

Suivez le Roi, mes sœurs, vous essuierez ses larmes,
  Vous adoucirez ses douleurs ;
  Et vous l'accableriez d'alarmes
Si vous vous exposiez encore à mes malheurs.
  Conservez-lui ce qui lui reste ;
Le serpent que j'attends peut vous être funeste,
  Vous envelopper dans mon sort ;
Et me porter en vous une seconde mort.
  Le Ciel m'a seule condamnée
  A son haleine empoisonnée,
  Rien ne sçauroit me secourir ;
Et je n'ai pas besoin d'exemple pour mourir.

AGLAURE.

Ne nous enviez pas ce cruel avantage
De confondre nos pleurs avec vos déplaisirs,
De mêler nos soupirs à vos derniers soupirs ;
D'une tendre amitié souffrez ce dernier gage.

PSICHÉ.

  C'est vous perdre inutilement.

CIDIPPE.

C'est en votre faveur espérer un miracle,
Ou vous accompagner jusques au monument.

PSICHÉ.

Que peut-on se promettre après un tel oracle ?

AGLAURE.

Un oracle jamais n'eſt ſans obſcurité,
On l'entend d'autant moins, que mieux on croit
  l'entendre ;
Et, peut-être, après tout, n'en devez-vous attendre
  Que gloire & que félicité.
Laiſſez-nous voir, ma ſœur, par une digne iſſue,
Cette frayeur mortelle heureuſement déçue ;
  Ou mourir, du moins, avec vous,
Si le Ciel à nos vœux ne ſe montre plus doux.

PSICHÉ.

Ma ſœur écoutez mieux la voix de la nature,
  Qui vous appelle auprès du Roi.
  Vous m'aimez trop, le devoir en murmure,
  Vous en ſcavez l'indiſpenſable loi.
Un pere vous doit être encor plus cher que moi.
Rendez-vous toutes l'appui de ſa vieilleſſe,
Vous lui devez chacune un gendre & des neveux,
Mille Rois, à l'envi, vous gardent leur tendreſſe,
Mille Rois, à l'envi, vous offriront leurs vœux.
L'Oracle me veut ſeule, &, ſeule auſſi, je veux
  Mourir, ſi je puis, ſans foibleſſe,
Ou ne vous avoir pas pour témoin toutes deux,
De ce que, malgré moi, la nature m'en laiſſe.

AGLAURE.

Partager vos malheurs, c'eſt vous importuner.

CIDIPPE.

J'oſe dire un peu plus, ma ſœur, c'eſt vous déplaire.

PSICHÉ.

  Non. Mais enfin, c'eſt me gêner,
Et peut-être du Ciel redoubler la colere.

AGLAURE.

  Vous le voulez, & nous partons.
Daigne ce même Ciel, plus juſte & moins ſévere,
Vous envoyer le ſort que nous vous ſouhaitons,
  Et que notre amitié ſincere,
En dépit de l'Oracle, & malgré vous, eſpere.

PSICHÉ.
Adieu. C'est un espoir, ma sœur, & des souhaits,
Qu'aucun des Dieux ne remplira jamais.

SCENE III.
PSICHÉ seule.

ENfin, seule, & toute à moi-même,
Je puis envisager cet affreux changement
  Qui, du haut d'une gloire extrême,
  Me précipite au monument.
  Cette gloire étoit sans seconde ;
L'éclat s'en répandoit jusqu'aux deux bouts du monde ;
Tout ce qu'il a de Rois sembloient faits pour m'aimer ;
  Tous leurs sujets me prenant pour Déesse,
  Commençoient à m'accoutumer
  Aux encens qu'ils m'offroient sans cesse ;
Leurs soupirs me suivoient, sans qu'il m'en coûtât rien ;
Mon ame restoit libre en captivant tant d'ames ;
  Et j'étois, parmi tant de flammes,
Reine de tous les cœurs, & maîtresse du mien.
  O Ciel, m'auriez-vous fait un crime
  De cette insensibilité !
Déployez-vous sur moi tant de sévérité,
Pour n'avoir à leurs vœux rendu que de l'estime ?
  Si vous n'imposiez cette loi,
Qu'il fallût faire un choix pour ne pas vous déplaire,
  Puisque je ne pouvois le faire,
  Que ne le faisiez-vous pour moi ?
Que ne m'inspiriez-vous ce qu'inspire à tant d'autres
Le mérite, l'amour, &..... Mais que vois-je ici ?

SCENE IV.
CLEOMENE, AGENOR, PSICHÉ.
CLEOMENE.

Deux amis, deux rivaux, dont l'unique souci
Est d'exposer leurs jours pour conserver les vôtres.
PSICHÉ.
Puis-je vous écouter, quand j'ai chassé deux sœurs?
Princes, contre le Ciel pensez-vous me défendre?
Vous livrer au serpent qu'ici je dois attendre,
Ce n'est qu'un désespoir qui sied mal aux grands
    cœurs?
    Et mourir, alors que je meurs,
    C'est accabler une ame tendre
    Qui n'a que trop de ses douleurs.
AGENOR.
    Un serpent n'est pas invincible;
Cadmus, qui n'aimoit rien, défit celui de Mars.
Nous aimons, & l'Amour sçait rendre tout possible
    Au cœur qui suit ses étendards,
A la main dont lui-même il conduit tous les dards.
PSICHÉ.
Voulez-vous qu'il vous serve en faveur d'une ingrate,
    Que tous ses traits n'ont pu toucher;
Qu'il donne sa vengeance au moment qu'elle éclate,
    Et vous aide à m'en arracher?
    Quand même vous m'auriez servie,
    Quand vous m'auriez rendu la vie,
Quel fruit esperez-vous de qui ne peut aimer?
CLEOMENE.
Ce n'est point par l'espoir d'un si charmant salaire
    Que nous nous sentons animer;
    Nous ne cherchons qu'à satisfaire

Aux devoirs d'un amour, qui n'ose présumer
   Que jamais, quoiqu'il puisse faire,
   Il soit capable de vous plaire,
   Et digne de vous enflammer.
Vivez, belle Princesse, & vivez pour un autre;
   Nous le verrons d'un œil jaloux,
Nous en mourrons; mais d'un trépas plus doux
   Que s'il nous falloit voir le vôtre;
Et, si nous ne mourrons, en vous sauvant le jour,
Quelque amour qu'à nos yeux vous préfériez au nôtre,
Nous voulons bien mourir de douleur & d'amour.

PSICHE.

Vivez, Princes, vivez; & de ma destinée
Ne songez plus à rompre, ou partager la loi;
Je crois vous l'avoir dit, le Ciel ne veut que moi,
   Le Ciel m'a seule condamnée.
Je pense ouir déjà les mortels sifflemens,
   De son Ministre qui s'approche,
Ma frayeur me le peint, me l'offre à tous momens;
Et, maîtresse qu'elle est de tous mes sentimens,
Elle me le figure au haut de cette roche.
J'en tombe de foiblesse; & mon cœur abattu
Ne soutient plus qu'à peine un reste de vertu.
Adieu, Princes, fuyez qu'il ne vous empoisonne.

AGENOR.

Rien ne s'offre à nos yeux encor qui les étonne;
Et, quand vous vous peignez un si proche trépas,
   Si la force vous abandonne,
   Nous avons des cœurs & des bras
   Que l'espoir n'abandonne pas.
Peut-être qu'un rival a dicté cet oracle,
Que l'or a fait parler celui qui l'a rendu.
   Ce ne seroit pas un miracle
Que, pour un Dieu muet, un homme eût répondu;
Et dans tous les climats, on n'a que trop d'exemples
Qu'il est, ainsi qu'ailleurs, des méchans dans les Temples.

CLEOMENE.

Laiſſez-nous oppoſer, au lâche raviſſeur
A qui le ſacrilege indignement vous livre,
Un amour qu'a le Ciel choiſi pour défenſeur
De la ſeule beauté pour qui nous voulons vivre.
Si nous n'oſons prétendre à ſa poſſeſſion,
Du moins, en ſon péril, permettez-nous de ſuivre
L'ardeur & les devoirs de notre paſſion.

PSICHÉ.

    Portez-les à d'autres moi-mêmes,
    Princes, portez-les à mes ſœurs
    Ces devoirs, ces ardeurs extrêmes
    Dont pour moi ſont remplis vos cœurs;
    Vivez pour elles, quand je meurs,
Plaignez de mon deſtin les funeſtes rigueurs,
Sans leur donner en vous de nouvelles matieres.
    Ce ſont mes volontés dernieres;
    Et l'on a reçu de tout tems,
Pour ſouveraines loix, les ordres des mourans.

CLEOMENE.

Princeſſe....

PSICHÉ.

Encore un coup, Princes, vivez pour elles,
Tant que vous m'aimerez, vous devez m'obéir;
Ne me réduiſez pas à vouloir vous haïr,
    Et vous regarder en rebelles,
    A force de m'être fideles.
Allez, laiſſez-moi ſeule expirer en ce lieu,
Où je n'ai plus de voix que pour vous dire adieu.
Mais je ſens qu'on m'enleve, & l'air m'ouvre une route,
D'où vous n'entendrez plus cette mourante voix.
Adieu, Princes, adieu, pour la derniere fois,
Voyez ſi, de mon ſort, vous pouvez être en doute.
(*Pſiché, eſt enlevée en l'air par deux Zéphyrs.*)

AGENOR.

Nous la perdons de vue. Allons tous deux chercher
    Sur le faîte de ce rocher.

TRAGI-COMEDIE, & BALLET.

Princes, les moyens de la suivre.
CLEOMENE.
Allons-y chercher ceux de ne lui point survivre.

SCENE V.
L'AMOUR *en l'air*.

Allez mourir, rivaux d'un Dieu jaloux,
    Dont vous méritez le courroux,
Pour avoir eu le cœur sensible aux mêmes charmes.
Et toi forge, Vulcain, mille brillans attraits
    Pour orner un Palais,
Où l'Amour, de Psiché, veut essuyer les larmes,
    Et lui rendre les armes.

Fin du second Acte.

II. INTERMEDE.

La scene se change en une Cour magnifique, ornée de colonnes de lapis, enrichis de figures d'or, qui forment un Palais pompeux & brillant, que l'Amour destine pour Psiché.

VULCAIN, CYCLOPES, FÉES.

VULCAIN.

Dépêchez, préparez ces lieux
Pour le plus aimable des Dieux ;
Que chacun pour lui s'intéresse,
N'oubliez rien des soins qu'il faut.

Quand l'Amour presse,
On n'a jamais fait assez-tôt.

L'Amour ne veut point qu'on differe,
Travaillez, hâtez-vous,
Frappez, redoublez vos coups;
Que l'ardeur de lui plaire,
Fasse vos soins les plus doux.

ENTRÉE DE BALLET.

Les Cyclopes achevent en cadence de grands vases d'or que des Fées leur apportent.

VULCAIN.

Servez bien un Dieu si charmant,
Il se plaît dans l'empressement;
Que chacun pour lui s'intéresse,
N'oubliez rien des soins qu'il faut.
Quand l'Amour presse,
On n'a jamais fait assez-tôt

L'Amour ne veut point qu'on differe,
Travaillez, hâtez-vous,
Frappez, redoublez vos coups;
Que l'ardeur de lui plaire,
Fasse vos soins les plus doux.

II. ENTRÉE DE BALLET.

Les Cyclopes & les Fées placent en cadence les vases d'or qui doivent être de nouveaux ornemens du Palais de l'Amour.

Fin du second Intermede.

ACTE

ACTE III.

SCENE PREMIERE.
L'AMOUR, ZEPHYRE.

ZEPHYRE.

Oui, je me suis galamment acquité
De la commission que vous m'avez donnée ;
Et, du haut du rocher, je l'ai, cette beauté,
Par le milieu des airs, doucement amenée
    Dans ce beau Palais enchanté,
    Où vous pouvez, en liberté,
    Disposer de sa destinée.
Mais vous me surprenez par ce grand changement
    Qu'en votre personne vous faites ;
Cette taille, ces traits, & cet ajustement
    Cachent tout-à-fait qui vous êtes ;
Et je donne aux plus fins à pouvoir, en ce jour,
    Vous reconnoître pour l'Amour.

L'AMOUR.

Aussi ne veux-je pas qu'on puisse me connoître.
Je ne veux, à Psiché, découvrir que mon cœur,
Rien que les beaux transports de cette vive ardeur
    Que ses doux charmes y font naître ;
Et pour en exprimer l'amoureuse langueur,
    Et cacher ce que je puis être
    Aux yeux qui m'imposent des loix,
    J'ai pris la forme que tu vois.

ZEPHYRE.

    En tout, vous êtes un grand maître,
    C'est ici que je le connois.
Sous des déguisemens de diverse nature,
    On a vu les Dieux amoureux

Chercher à foulager cette douce bleffure
Que reçoivent les cœurs de vos traits pleins de feux ;
  Mais, en bon fens, vous l'emportez fur eux ;
   Et voilà la bonne figure
   Pour avoir un fuccès heureux
Près de l'aimable fexe où l'on porte fes vœux.
Oui, de ces formes-là, l'affiftance eft bien forte ;
  Et, fans parler ni de rang, ni d'efprit,
Qui peut trouver moyen d'être fait de la forte,
   Ne foupire guére à credit.

L'AMOUR.

  J'ai réfolu, mon cher Zéphyre,
  De demeurer ainfi toujours ;
 Et l'on ne peut le trouver à redire
  A l'aîné de tous les Amours.
Il eft tems de fortir de cette longue enfance
   Qui fatigue ma patience,
Il eft tems déformais que je devienne grand.

ZEPHYRE.

  Fort bien. Vous ne pouvez mieux faire ;
  Et vous entrez dans un myftere
  Qui ne demande rien d'enfant.

L'AMOUR.

Ce changement, fans doute, irritera ma mere.

ZEPHYRE.

Je prévois là-deffus quelque peu de colere.
   Bien que les difputes des ans
Ne doivent point régner parmi les immortelles,
Votre mere Venus eft de l'humeur des belles
   Qui n'aiment point de grands enfans.
   Mais où je la trouve outragée,
C'eft dans le procédé que l'on vous voit tenir ;
   Et c'eft l'avoir étrangement vengée,
Que d'aimer la beauté qu'elle vouloit punir.
Cette haine, où fes vœux prétendent que réponde
La puiffance d'un fils que redoutent les Dieux...

L'AMOUR.

Laiffons cela, Zéphyre, & me dis fi tes yeux

Ne trouvent pas Psiché la plus belle du monde.
Est-il rien sur la terre, est-il rien dans les Cieux,
Qui puisse lui ravir le titre glorieux
   De beauté sans seconde ?
  Mais je la vois, mon cher Zephyre,
Qui demeure surprise à l'éclat de ces lieux.
   ZEPHYRE.
Vous pouvez vous montrer pour finir son martyre,
  Lui découvrir son destin glorieux ;
Et vous dire, entre vous, tout ce que peuvent dire
  Les soupirs, la bouche & les yeux.
En confident discret, je sçais ce qu'il faut faire
Pour ne pas interrompre un amoureux mystere.

―――――――――――――――

SCENE II.

PSICHÉ *seule.*

OU suis-je ? Et dans un lieu, que je croyois
  barbare,
  Quelle sçavante main à bâti ce Palais
   Que l'art, que la nature pare
   De l'assemblage le plus rare
   Que l'œil puisse admirer jamais ?
   Tout rit, tout brille, tout éclate
  Dans ces jardins, dans ces appartemens,
   Dont les pompeux ameublemens
   N'ont rien qui n'enchante & ne flatte ;
Et, de quelque côté que tournent mes frayeurs,
Je ne vois, sous mes pas, que de l'or ou des fleurs.
Le Ciel auroit-il fait cet amas de merveilles
   Pour la demeure d'un serpent ?
Et, lorsque, par leur vue, il amuse & suspend
De mon destin jaloux les rigueurs sans pareilles,
   Veut-il montrer qu'il s'en repent ?
Non, non, c'est de sa haine, en cruautés féconde,

Le plus noir, le plus rude trait,
Qui, par une rigueur nouvelle & fans feconde,
N'étale ce choix qu'elle a fait
De ce qu'a de plus beau le monde,
Qu'afin que je le quitte avec plus de regret.
Que mon efpoir eft ridicule,
S'il croit par-là foulager mes douleurs !
Tout autant de momens que ma mort fe recule,
Sont autant de nouveaux malheurs ;
Plus elle tarde, & plus de fois je meurs.
Ne me fais plus languir, viens prendre ta victime,
Monftre, qui dois me déchirer.
Veux-tu que je te cherche, & faut-il que j'anime
Tes fureurs à me dévorer ?
Si le Ciel veut ma mort, fi ma vie eft un crime,
De ce peu qui m'en refte ofe enfin t'emparer ;
Je fuis laffe de murmurer
Contre un châtiment légitime.
Je fuis laffe de foupirer ;
Viens, que j'acheve d'expirer.

SCENE III.

L'AMOUR, PSICHÉ, ZEPHYRE.

L'AMOUR

LE voilà ce ferpent, ce monftre impitoyable,
Qu'un oracle étonnant pour vous a préparé ;
Et qui n'eft pas, peut-être, à tel point effroyable,
Que vous vous l'êtes figuré.

PSICHÉ.

Vous, Seigneur, vous feriez ce monftre dont l'oracle
A menacé mes triftes jours ;
Vous qui femblez plutôt un Dieu, qui, par miracle,
Daigne venir lui-même à mon fecours ?

L'AMOUR.

Quel besoin de secours au milieu d'un Empire,
   Où tout ce qui respire
N'attend que vos regards pour en prendre la loi ;
Où vous n'avez à craindre autre monstre que moi ?

PSICHÉ.

Qu'un monstre tel que vous inspire peu de crainte ;
  Et que, s'il a quelque poison,
  Une ame auroit peu de raison
  De hasarder la moindre plainte
  Contre une favorable atteinte,
Dont tout le cœur craindroit la guérison !
A peine je vous vois, que mes frayeurs cessées
Laissent évanouir l'image du trépas ;
Et que je sens couler dans mes veines glacées
Un je ne sçais quel feu que je ne connois pas.
J'ai senti de l'estime & de la complaisance,
  De l'amitié, de la reconnoissance ;
De la compassion les chagrins innocens
   M'en ont fait sentir la puissance,
Mais je n'ai point encor senti ce que je sens.
Je ne sçais ce que c'est ; mais je sçais qu'il me charme,
  Que je n'en conçois point d'alarme.
Plus j'ai les yeux sur vous, plus je m'en sens charmer ;
Tout ce que j'ai senti n'agissoit point de même ;
  Et je dirois que je vous aime,
Seigneur, si je sçavois ce que c'est que d'aimer.
Ne les détournez point ces yeux qui m'empoisonnent,
Ces yeux tendres, ces yeux perçans, mais amoureux,
Qui semblent partager le trouble qu'ils me donnent.
  Hélas, plus ils sont dangereux,
  Plus je me plais à m'attacher sur eux !
Par quel ordre du Ciel, que je ne puis comprendre,
  Vous dis-je plus que je ne dois,
Moi, de qui la pudeur devroit du moins attendre
Que vous m'expliquassiez le trouble où je vous vois ;
Vous soupirez, Seigneur, ainsi que je soupire,
Vos sens, comme les miens, paroissent interdits,

C'est à moi de m'en taire, à vous de me le dire;
Et cependant c'est moi qui vous le dis.
L'AMOUR.
Vous avez eu, Pfiché, l'ame toujours fi dure,
    Qu'il ne faut pas vous étonner
    Si, pour en réparer l'injure,
L'amour en ce moment fe paie avec ufure
    De ceux qu'elle a dû lui donner.
Ce moment eft venu qu'il faut que votre bouche
Exhale des foupirs fi long-tems retenus;
Et qu'en vous arrachant à cette humeur farouche,
Un amas de tranfports auffi doux qu'inconnus,
Auffi fenfiblement, tout à la fois vous touche,
Qu'ils ont dû vous toucher durant tant de beaux
  jours
Dont cette ame infenfible a profané le cours.
PSICHE.
    N'aimer point, c'eft donc un grand crime?
L'AMOUR.
    En fouffrez-vous un rude châtiment?
PSICHE.
    C'eft punir affez doucement.
L'AMOUR.
    C'eft lui choifir fa peine légitime;
Et fe faire juftice, en ce glorieux jour,
D'un manquement d'amour, par un excès d'amour.
PSICHE.
    Que n'ai-je été plutôt punie!
    J'y mets le bonheur de ma vie.
Je devrois en rougir, ou le dire plus bas;
    Mais le fupplice a trop d'appas.
Permettez que, tout haut, je le die & redie;
Je le dirois cent fois, & n'en rougirois pas.
Ce n'eft point moi qui parle; & de votre préfence
L'empire furprenant, l'aimable violence,
Dès que je veux parler, s'empare de ma voix.
C'eft en vain qu'en fecret ma pudeur s'en offenfe,
    Que le fexe & la bienféance

Osent me faire d'autres loix ;
Vos yeux de ma réponse eux-mêmes font le choix,
Et ma bouche asservie à leur toute-puissance,
Ne me consulte plus sur ce que je me dois.

L'AMOUR.

Croyez, belle Psiché, croyez ce qu'ils vous disent,
    Ces yeux qui ne sont point jaloux ;
    Qu'à l'envie les vôtres m'instruisent
    De tout ce qui se passe en vous.
    Croyez-en ce cœur qui soupire,
Et qui, tant que le vôtre y voudra répartir,
    Vous dira bien plus d'un soupir,
    Que cent regards ne peuvent dire.
    C'est le langage le plus doux ;
C'est le plus fort, c'est le plus sûr de tous.

PSICHÉ.

    L'intelligence en étoit due
A nos cœurs, pour les rendre également contens.
    J'ai soupiré, vous m'avez entendue ;
    Vous soupirez, je vous entends.
    Mais ne me laissez plus en doute,
Seigneur ; & dites-moi si, par la même route,
Après moi, le Zéphyre ici vous a rendu
    Pour me dire ce que j'écoute.
Quand j'y suis arrivée, étiez-vous attendu ?
Et, quand vous lui parlez, êtes-vous entendu ?

L'AMOUR.

J'ai dans ce doux climat un souverain empire.
    Comme vous l'avez sur mon cœur ;
L'Amour m'est favorable, & c'est en sa faveur
Qu'à mes ordres Eole a soumis le Zéphyre.
C'est l'Amour qui, pour voir mes feux récompensés,
    Lui-même a dicté cet oracle
    Par qui vos beaux jours menacés
D'une foule d'amans se sont débarrassés
Et qui m'a délivré, de l'éternel obstacle
    De tant de soupirs empressés

PSICHÉ,

Qui ne méritoient pas de vous être adreſſés.
Ne me demandez point quelle eſt cette Province,
   Ni le nom de ſon Prince,
 Vous le ſçaurez quand il en ſera tems.
Je veux vous acquérir ; mais c'eſt par mes ſervices,
Par des ſoins aſſidus, & par des vœux conſtans,
   Par les amoureux ſacrifices
    De tout ce que ſuis,
    De tout ce que puis,
Sans que l'éclat du rang pour moi vous ſollicite,
Sans que de mon pouvoir je me faſſe un mérite ;
Et bien que Souverain dans cet heureux ſéjour,
Je ne vous veux, Pſiché, devoir qu'à mon amour.
Venez-en admirer avec moi les merveilles,
Princeſſe, & préparez vos yeux & vos oreilles
   A ce qu'il a d'enchantemens ;
  Vous y verrez des bois & des prairies
    Conteſter ſur leurs agrémens
    Avec l'or & les pierreries ;
  Vous n'entendrez que des concerts charmans ;
   De cent beautés vous y ſerez ſervie,
Qui vous adoreront ſans vous porter envie,
   Et brigueront, à tous momens,
   D'une ame ſoumiſe & ravie,
   L'honneur de vos commandemens.

PSICHÉ.

   Mes volontés ſuivent les vôtres,
   Je n'en ſçaurois plus avoir d'autres ;
Mais votre oracle, enfin, vient de me ſéparer
   De deux, ſœurs, & du Roi mon pere ;
    Que mon trépas imaginaire
    Réduit tous trois à me pleurer.
Pour diſſiper l'erreur dont leur ame accablée
De mortels déplaiſirs ſe voit pour moi comblée,
   Souffrez que mes ſœurs ſoient témoins
   Et de ma gloire & de vos ſoins.
Prêtez-leur, comme à moi, les aîles du Zéphyre,
   Qui leur puiſſent de votre empire,

Ainsi qu'à moi, faciliter l'accès ;
Faites-leur voir en quel lieu je respire ;
Faites-leur, de ma perte, admirer le succès.
L'AMOUR.
Vous ne me donnez pas, Psiché, toute votre ame
Ce tendre souvenir d'un pere & de deux sœurs
  Me vole une part des douceurs
  Que je veux toutes pour ma flamme.
N'ayez d'yeux que pour moi, qui n'en ai que pour vous ;
Ne songez qu'à m'aimer, ne songez qu'à me plaire ;
Et, quand de tels soucis osent vous en distraire...
PSICHÉ.
Des tendresses du sang peut-on être jaloux ?
L'AMOUR.
Je le suis, ma Psiché, de toute la nature.
Les rayons du soleil vous baisent trop souvent ;
Vos cheveux souffrent trop les caresses du vent,
  Dès qu'il les flatte, j'en murmure ;
  L'air même que vous respirez,
Avec trop de plaisir passe par votre bouche ;
  Votre habit de trop près vous touche ;
  Et si-tôt que vous soupirez,
  Je ne sçais quoi, qui m'effarouche,
Craint, parmi vos soupirs, des soupirs égarés.
Mais vous voulez vos sœurs ; allez, partez, Zéphyre,
  Psiché le veut, je ne l'en puis dédire.
  (*Zéphire s'envole.*)

SCENE IV.

L'AMOUR, PSICHÉ.

L'AMOUR.

Quand vous leur ferez voir ce bienheureux séjour,
De ses trésors faites-leur cent largesses,
Prodiguez-leur caresses sur caresses ;
Et du sang, s'il se peut, épuisez les tendresses,
Pour vous rendre tout à l'Amour.
Je n'y mêlerai point d'importune presence,
Mais ne leur faites pas de si longs entretiens ;
Vous ne sçauriez pour eux avoir de complaisance,
Que vous ne dérobiez aux miens.

PSICHÉ.

Votre amour me fait une grace,
Dont je n'abuserai jamais.

L'AMOUR.

Allons voir cependant ces jardins, ce Palais,
Où vous ne verrez rien que votre éclat n'efface.
Et vous, petits Amours, & vous, jeunes Zephyrs,
Qui, pour armes, n'avez que de tendres soupirs,
Montrez tout à l'envi ce qu'à voir ma Princesse
Vous avez senti d'allégresse,

Fin du troisieme Acte.

III INTERMEDE.

L'AMOUR, PSICHÉ.

Un ZÉPHIRE *chantant*, deux AMOURS *chantans*, Troupe d'AMOURS & de ZEPHIRS *dansans*.

ENTRÉE DE BALLET.

Les Amours & les Zéphyrs, pour obéir à l'Amour, marquent par leurs danses, la joie qu'ils ont de voir Psiché.

UN ZÉPHIRE.

Aimable jeunesse,
Suivez la tendresse ;
Joignez aux beaux jours
La douceur des Amours.
C'est pour vous surprendre,
Qu'on vous fait entendre
Qu'il faut éviter leurs soupirs,
Et craindre leurs desirs ;
Laissez-vous apprendre
Quels sont leurs plaisirs.

DEUX AMOURS ENSEMBLE.

Chacun est obligé d'aimer
A son tour ;
Et plus on a de quoi charmer,
Plus on doit à l'Amour.

1. AMOUR.

Un cœur jeune & tendre
Est obligé de se rendre ;

H 6

Il n'a point à prendre
De fâcheux détours.

LES DEUX AMOURS ENSEMBLE.

Chacun est obligé d'aimer
A son tour ;
Et plus on a de quoi charmer,
Plus on doit à l'Amour.

2. AMOUR.

Pourquoi se défendre ?
Que sert-il d'attendre ?
Quand on perd un jour,
On le perd sans retour.

LES DEUX AMOURS ENSEMBLE.

Chacun est obligé d'aimer
A son tour ;
Et plus on a de quoi charmer,
Plus on doit à l'Amour.

II. ENTRÉE DE BALLET.

Les deux troupes d'Amours & de Zéphyrs recommencent leurs danses.

LE ZÉPHIR.

L'Amour a des charmes,
Rendons-lui les armes ;
Ses soins & ses pleurs
Ne sont pas sans douceurs.
Un cœur, pour le suivre,
A cent maux se livre.
Il faut, pour goûter ses appas,
Languir jusqu'au trépas ;
Mais ce n'est pas vivre
Que de n'aimer pas.

LES DEUX AMOURS ENSEMBLE.

S'il faut des soins & des travaux
En aimant,
On est payé de mille maux
Par un heureux moment.

1. AMOUR.

On craint, on espere,
Il faut du mystere ;
Mais on n'obtient guére
De bien sans tourment.

LES DEUX AMOURS ENSEMBLE.

S'il faut des soins & des travaux
En aimant,
On est payé de mille maux
Par un heureux moment.

2. AMOUR.

Que peut-on mieux faire,
Qu'aimer & que plaire ?
C'est un soin charmant,
Que l'emploi d'un amant.

LES DEUX AMOURS ENSEMBLE.

S'il faut des soins & des travaux
En aimant,
On est payé de mille maux
Par un heureux moment.

Fin du troisieme Intermede.

ACTE IV.

Le Théatre représente un Jardin superbe & charmant. On y voit des berceaux de verdure soutenus par des thermes d'or, décorés par des vases d'orangers, & par des arbres chargés de toutes sortes de fruits. Le milieu du Théatre est rempli des fleurs les plus belles & les plus rares. On découvre dans l'enfoncement plusieurs dômes de rocailles, ornés de coquillages, de fontaines, & de statues; & toute cette vue se termine par un magnifique Palais.

SCENE PREMIERE.
AGLAURE, CIDIPPE.

AGLAURE.

JE n'en puis plus, ma sœur, j'ai vu trop de merveilles,
L'avenir aura peine à les bien concevoir;
Le soleil qui voit tout, & qui nous fait tout voir,
  N'en a vu jamais de pareilles.
  Elles me chagrinent l'esprit;
Et ce brillant Palais, ce pompeux équipage,
  Font un odieux étalage
Qui m'accable de honte autant que de dépit.
  Que la fortune indignement nous traite;
  Et que sa largesse indiscrette
Prodigue aveuglément, épuise, unit d'efforts,
  Pour faire tant de trésors
  Le partage d'une cadette!

TRAGI-COMEDIE, & BALLET.

CIDIPPE.

J'entre dans tous vos sentimens,
J'ai les mêmes chagrins, & dans ces lieux charmans,
Tout ce qui vous déplaît, me blesse ;
Tout ce que vous prenez pour un mortel affront,
Comme vous m'accable, & me laisse
L'amertume dans l'ame, & la rougeur au front.

AGLAURE.

Non, ma sœur, il n'est point de Reines
Qui, dans leur propre Etat, parlent en Souveraines
Comme Psiché parle en ces lieux.
On l'y voit obéie avec exactitude ;
Et de ses volontés une amoureuse étude
Les cherche jusques dans ses yeux.
Mille beautés s'empressent autour d'elle,
Et semblent dire à nos regards jaloux,
Quels que soient nos attraits, elle est encore plus belle,
Et nous qui la servons, le sommes plus que vous.
Elle prononce, on exécute ;
Aucun ne s'en défend, aucun ne s'en rebute.
Flore, qui s'attache à ses pas,
Répand à pleines mains, autour de sa personne,
Ce qu'elle a de plus doux appas ?
Zéphire volé aux ordres qu'elle donne ;
Et son amante & lui, s'en laissant trop charmer,
Quittent, pour la servir, les soins de s'entr'aimer.

CIDIPPE.

Elle a des Dieux à son service,
Elle aura bientôt des Autels ;
Et nous ne commandons qu'à des chétifs mortels,
De qui l'audace & le caprice
Contre nous, à toute heure, en secret révoltés,
Opposent à nos volontés
Ou le mumure, ou l'artifice

AGLAURE.

C'étoit peu que, dans notre Cour,
Tant de cœurs, à l'envi, nous l'eussent préférée :

Ce n'étoit pas assez que, de nuit & de jour,
D'une foule d'amans elle y fut adorée;
Quand nous nous consolions de la voir au tombeau
      Par l'ordre imprévu d'un Oracle,
  Elle a voulu de son destin nouveau
Faire en notre presence, éclater le miracle,
    Et choisir nos yeux pour témoins
De ce qu'au fond du cœur, nous souhaitions le moins.

CIDIPPE.

    Ce qui le plus me désespere,
C'est cet amant parfait & si digne de plaire
     Qui se captive sous ses loix.
Quand nous pourrions choisir entre tous les Monarques,
     En est-il un de tant de Rois,
     Qui porte de si nobles marques?
     Se voir du bien par-delà ses souhaits,
N'est souvent qu'un bonheur qui fait des misérables.
Il n'est ni train pompeux, ni superbes Palais
Qui n'ouvrent quelque porte à des maux incurables;
Mais avoir un amant d'un mérite achevé,
    Et s'en voir chérement aimée,
  C'est un bonheur si haut, si relevé,
Que sa grandeur ne peut être exprimée.

AGLAURE.

N'en parlons plus, ma sœur, nous en mourrions d'ennui.
     Songeons plutôt à la vengeance;
Et trouvons le moyen de rompre entre elle & lui
    Cette adorable intelligence.
La voici. J'ai des coups tout prêts à lui porter,
    Qu'elle aura peine d'éviter.

SCENE II.

PSICHÉ, AGLAURE, CIDIPPE.
PSICHÉ.

Je viens vous dire adieu, mon amant vous renvoie,
    Et ne sçauroit plus endurer
Que vous lui retranchiez un moment de la joie
Qu'il prend de se voir seul à me considérer.
Dans un simple regard, dans la moindre parole,
    Son amour trouve des douceurs
    Qu'en faveur du sang je lui vole,
    Quand je les partage à des sœurs.
AGLAURE.
    La jalousie est assez fine,
    Et ces délicats sentimens
    Méritent bien qu'on s'imagine
Que celui qui, pour vous, à ces empressemens,
    Passe le commun des amans.
Je vous en parle ainsi, faute de le connoître.
Vous ignorez son nom, & ceux dont il tient l'être,
    Nos esprits en sont alarmés.
Je le tiens, un grand Prince, & d'un pouvoir suprême
    Bien au-delà du diadême;
Ses trésors, sous vos pas, confusément semés
Ont de quoi faire honte à l'abondance même;
    Vous l'aimez autant qu'il vous aime;
    Il vous charme, & vous le charmez;
Votre félicité, ma sœur, seroit extrême,
    Si vous sçaviez qui vous aimez.
PSICHÉ.
    Que m'importe ? J'en suis aimée.
    Plus il me voit, plus je lui plais ;
Il n'est point de plaisirs dont l'ame soit charmée,

Qui ne préviennent mes souhaits ;
Et je vois mal dequoi la vôtre est alarmée ;
Quand tout me sert dans ce Palais.
AGLAURE.
Qu'importe qu'ici tout vous serve,
Si toujours cet amant vous cache ce qu'il est ?
Nous ne nous alarmons que pour votre intérêt.
En vain tout vous y rit, en vain tout vous y plaît,
Le véritable amour ne fait point de réserve ;
Et qui s'obstine à se cacher,
Sent quelque chose en soi qu'on lui peut reprocher.
Si cet amant devient volage,
Car souvent, en amour, le change est assez doux ;
Et j'ose le dire entre nous,
Pour grand que soit l'éclat dont brille ce visage,
Il en peut être ailleurs d'aussi belles que vous ;
Si, dis-je, un autre objet sous d'autres loix l'engage,
Si, dans l'état où je vous voi,
Seule en ses mains, & sans défense,
Il va jusqu'à la violence,
Sur qui vous vengera le Roi,
Ou de ce changement, ou de cette insolence ?
PSICHÉ.
Ma sœur, vous me faites trembler.
Juste Ciel ! Pourrois-je être assez infortunée....
CIDIPPE.
Que sçait-on si déjà les nœuds de l'hymenée...
PSICHÉ.
N'achevez pas ; ce seroit m'accabler.
AGLAURE.
Je n'ai plus qu'un mot à vous dire.
Ce Prince qui vous aime, & qui commande aux vents,
Qui nous donne pour char les aîles du Zéphyre,
Et de nouveaux plaisirs vous comble à tous momens,
Quand il rompt à vos yeux l'ordre de la nature,
Peut-être à tant d'amour mêle un peu d'imposture,
Peut-être ce Palais n'est qu'un enchantement ;
Et ces lambris dorés, ces amas de richesses

Dont il achette vos tendresses,
Dès qu'il sera lassé de souffrir vos caresses,
Disparoîtront en un moment.
Vous sçavez, comme nous, ce que peuvent les charmes.

PSICHÉ.
Que je sens à mon tour de cruelles alarmes!

AGLAURE.
Notre amitié ne veut que votre bien.

PSICHÉ.
Adieu, mes sœurs finissons l'entretien,
J'aime ; & je crains qu'on ne s'impatiente.
Partez ; & demain, si je puis,
Vous me verrez, ou plus contente,
Ou dans l'accablement des plus mortels ennuis.

AGLAURE.
Nous allons dire au Roi quelle nouvelle gloire,
Quel excès de bonheur le Ciel répand sur vous.

CIDIPPE.
Nous allons lui conter d'un changement si doux
La surprenante & merveilleuse histoire.

PSICHÉ.
Ne l'inquiétez point, ma sœur, de vos soupçons ;
Et, quand vous lui peindrez un si charmant empire....

AGLAURE.
Nous sçavons toutes deux ce qu'il faut taire ou dire ;
Et n'avons pas besoin, sur ce point, de leçons

(*Un nuage descend, qui envelope les deux sœurs de Psiché ; Zéphyre les enleve dans les airs.*)

SCENE III.
L'AMOUR, PSICHÉ,

L'AMOUR.

ENfin vous êtes feule, & je puis vous redire,
Sans avoir pour témoins vos importunes fœurs,
Ce que des yeux si beaux ont pris sur moi d'empire,
  Et quels excès ont les douceurs
  Qu'une sincere ardeur inspire,
  Si-tôt qu'elle assemble deux cœurs.
Je puis vous expliquer de mon ame ravie
  Les amoureux empressemens ;
  Et vous jurer qu'à vous seule asservie
Elle n'a pour objet de ses ravissemens,
Que de voir cette ardeur de même ardeur suivie,
  Ne concevoir plus d'autre envie
  Que de régler mes vœux sur vos desirs ;
Et, de ce qui vous plaît, faire tous mes plaisirs.
  Mais d'où vient qu'un triste nuage
  Semble offusquer l'éclat de ces beaux yeux ?
  Vous manque-t-il quelque chose en ces lieux ?
Des vœux qu'on vous y rend dédaignez-vous l'hommage ?

PSICHÉ.
Non, Seigneur.

L'AMOUR.
  Qu'est-ce donc ? Et d'où vient mon malheur
J'entends moins de soupirs d'amour que de douleur ;
Je vois de votre teint les roses amorties
  Marquer un déplaisir secret ;
  Vos sœurs à peine sont parties,
  Que vous soupirez de regret.
Ah, Psiché, de deux cœurs quand l'ardeur est la même ;

Ont-ils des soupirs différens?
Et, quand on aime bien, & qu'on voit ce qu'on aime,
Peut-on songer à des parens?
PSICHÉ.
Ce n'est point-là ce qui m'afflige.
L'AMOUR.
Est-ce l'absence d'un rival,
Et d'un rival aimé, qui fait qu'on me néglige?
PSICHÉ.
Dans un cœur tout à vous que vous pénétrez mal?
Je vous aime, Seigneur; & mon amour s'irrite,
De l'indigne soupçon que vous avez formé.
Vous ne connoissez pas quel est votre mérite,
Si vous craignez de n'être pas aimé.
Je vous aime; &, depuis que j'ai vu la lumiere,
Je me suis montrée assez fiere
Pour dédaigner les vœux de plus d'un Roi;
Et, s'il vous faut ouvrir mon ame toute entiere,
Je n'ai trouvé que vous qui fût digne de moi.
Cependant j'ai quelque tristesse
Qu'en vain je voudrois vous cacher;
Un noir chagrin se mêle à toute ma tendresse,
Dont je ne puis la détacher.
Ne m'en demandez point la cause,
Peut-être, la sçachant, voudrez-vous m'en punir;
Et, si j'ose aspirer encore à quelque chose,
Je suis sûre du moins de ne point l'obtenir.
L'AMOUR.
Et ne craignez-vous point qu'à mon tour je m'irrite
Que vous connoissiez mal quel est votre mérite,
Ou feigniez de ne pas sçavoir
Quel est sur moi votre absolu pouvoir?
Ah, si vous en doutez, soyez désabusée!
Parlez.
PSICHÉ.
J'aurai l'affront de me voir refusée.
L'AMOUR.
Prenez en ma faveur de meilleurs sentimens,

L'expérience en est aisée ;
Parlez, tout se tient prêt à vos commandemens.
Si, pour m'en croire, il vous faut des sermens,
J'en jure vos beaux yeux, ces maîtres de mon ame,
Ces divins auteurs de ma flamme ;
Et, si ce n'est assez d'en jurer vos beaux yeux,
J'en jure par le Stix, comme jurant les Dieux.
PSICHE.
J'ose craindre un peu moins après cette assurance.
Seigneur, je vois ici la pompe & l'abondance,
Je vous adore, & vous m'aimez,
Mon cœur en est ravi, mes sens en sont charmés ;
Mais parmi ce bonheur suprême,
J'ai le malheur de ne sçavoir qui j'aime.
Dissipez cet aveuglement,
Et faites-moi connoître un si parfait amant.
L'AMOUR.
Psiché, que venez-vous de dire ?
PSICHE.
Que c'est le bonheur où j'aspire,
Et, si vous ne me l'accordez....
L'AMOUR.
Je l'ai juré, je n'en suis plus le maître ;
Mais vous ne sçavez pas ce que vous demandez.
Laissez-moi mon secret. Si je me fais connoître,
Je vous perds, & vous me perdez.
Le seul remede est de vous en dédire.
PSICHE.
C'est-là sur vous mon souverain empire ?
L'AMOUR.
Vous pouvez tout, & je suis tout à vous.
Mais si nos feux vous semblent doux,
Ne mettez point d'obstacle à leur charmante suite ;
Ne me forcez point à la fuite,
C'est le moindre malheur qui nous puisse arriver
D'un souhait qui vous a séduite.
PSICHE.
Seigneur, vous voulez m'éprouver ;

Mais je sçais ce que j'en dois croire.
De grace, apprenez-moi tout l'excès de ma gloire;
Et ne me cachez plus pour quel illustre choix
　　　J'ai rejetté les vœux de tant de Rois.
　　　　　　L'AMOUR.
Le voulez-vous ?
　　　　　　PSICHÉ.
　　　Souffrez que je vous en conjure.
　　　　　　L'AMOUR.
Si vous sçaviez, Psiché, la cruelle aventure
　　　Que par-là vous vous attirez....
　　　　　　PSICHÉ.
　　　Seigneur, vous me défespérez.
　　　　　　L'AMOUR.
Pensez-bien, je puis encor me taire.
　　　　　　PSICHÉ.
Faites-vous des sermens pour n'y point satisfaire?
　　　　　　L'AMOUR.
Hé bien, je suis le Dieu le plus puissant des Dieux,
Absolu sur la Terre, absolu dans les Cieux ;
Dans les eaux, dans les airs, mon pouvoir est suprême ?
　　　En un mot, je suis l'Amour même,
Qui de mes propres traits m'étois blessé pour vous ?
Et sans la violence, hélas, que vous me faites,
Et qui vient de changer mon amour en courroux,
　　　Vous m'alliez avoir pour époux.
　　　Vos volontés sont satisfaites,
　　　Vous avez sçu qui vous aimiez,
　　Vous connoissez l'amant que vous charmiez,
　　　Psiché, voyez où vous en êtes.
Vous me forcez vous-même à vous quitter,
Vous me forcez vous-même à vous ôter
　　　Tout l'effet de votre victoire.
Peut-être vos beaux yeux ne me reverront plus.
Ces Palais, ces Jardins, avec moi disparus,
Vont faire évanouir notre naissante gloire ;
　　　Vous n'avez pas voulu m'en croire ;

PSICHÉ,

Et, pour tout fruit de ce doute éclairci,
Le Destein, sous qui le Ciel tremble,
Plus fort que mon amour, que tous les Dieux ensemble,
Vous va montrer sa haine, & me chasse d'ici.
(*L'Amour s'envole, & le Jardin s'évanouit.*)

SCENE IV.

Le Théatre représente un désert, & les bords sauvages d'un Fleuve.

PSICHÉ, LE DIEU D'UN FLEUVE,
assis sur un amas de Roseaux, & appuyé sur une Urne.

PSICHÉ.

CRuel Destin ! Funeste inquiétude ?
Fatale curiosité !
Qu'avez-vous fait, affreuse solitude,
De toute ma félicité !
J'aimois un Dieu j'en étois adorée,
Mon bonheur redoubloit de moment en moment ;
Et je me vois seule, éplorée,
Au milieu d'un désert ; où, pour accablement,
Et confuse & désespérée,
Je sens croître l'amour, quand j'ai perdu l'amant.
Le souvenir m'en charme & m'empoisonne,
Sa douceur tyrannise un cœur infortuné
Qu'aux plus cuisans chagrins ma flamme a condamné.
O Ciel ! Quand l'Amour m'abandonne,
Pourquoi me laisse-t-il l'amour qu'il m'a donné ?
Source de tous les biens inépuisable & pure,
Maître des hommes & des Dieux,
Cher auteur des maux que j'endure,

Êtes-vous

Pourquoi me laisse-t-il l'amour qu'il m'a donné?
Source de tous les biens inépuisable & pure,
  Maître des hommes & des Dieux,
  Cher Auteur des maux que j'endure,
Etes-vous pour jamais disparu de mes yeux?
  Je vous en ai banni moi-même;
Dans un excès d'amour, dans un bonheur extrême,
D'un indigne soupçon mon cœur s'est alarmé,
Cœur ingrat, tu n'avois qu'un feu mal allumé,
Et l'on ne peut vouloir, du moment que l'on aime,
  Que ce que veut l'objet aimé.
Mourons, c'est le parti qui seul me reste à suivre,
  Après la perte que je fais.
  Pour qui, grands Dieux, voudrois-je vivre,
  Et pour qui former des souhaits?
Fleuve, de qui les eaux baignent ces tristes sables,
  Enséveli mon crime dans tes flots;
  Et, pour finir des mots si déplorables,
Laisse-moi, dans ton lit, assurer mon repos.

LE DIEU DU FLEUVE.

  Ton trépas souilleroit mes ondes,
  Psiché, le Ciel te le défend;
Et peut-être qu'après des douleurs si profondes,
  Un autre sort t'attend.
Fuis plutôt de Vénus l'implacable colere.
Je la vois qui te cherche & qui te veut punir;
L'amour du fils a fait la haine de la mere;
  Fuis, je sçaurai la retenir.

PSICHÉ.

  J'attends ses fureurs vengeresses;
Qu'auront-elles pour moi qui ne me soit trop doux?
Qui cherche le trépas, ne craint Dieux, ni Déesses,
  Et peut braver tout leur courroux.

SCENE V.
VENUS, PSICHÉ, LE DIEU DU FLEUVE.
VENUS.

Orgueilleuse Psiché, vous m'osez donc attendre,
Après m'avoir sur terre enlevé mes honneurs,
   Après que vos traits suborneurs
Ont reçu les encens qu'aux miens seuls on doit rendre ?
   J'ai vu mes temples désertés,
J'ai vu tous les mortels séduits par vos beautés,
Idolâtrer en vous la beauté souveraine,
Vous offrir des respects jusqu'alors inconnus,
   Et ne se mettre pas en peine
   S'il étoit un autre Vénus ;
   Et je vous vois encore l'audace
De n'en pas redouter les justes châtimens,
   Et de me regarder en face,
Comme si c'étoit peu que mes ressentimens.
PSICHÉ.
Si de quelques mortels on m'a vue adorée,
Est-ce un crime pour moi d'avoir eu des appas,
   Dont leur ame inconsidérée
Laissoit charmer des yeux qui ne vous voyoient pas ?
   Je suis ce que le Ciel m'a faite,
Je n'ai que les beautés qu'il m'a voulu prêter.
Si les vœux qu'on m'offroit vous ont mal satisfaite,
Pour forcer tous les cœurs à vous les reporter,
   Vous n'aviez qu'à vous presenter,
Qu'à ne leur cacher plus cette beauté parfaite
   Qui, pour les rendre à leur devoir,
Pour se faire adorer, n'a qu'à se faire voir.

VENUS.

Il falloit vous en mieux défendre.
Ces respects, ces encens se doivent refuser ;
Et, pour les mieux défabuser,
Il falloit, à leurs yeux, vous-même me les rendre.
Vous avez aimé cette erreur
Pour qui vous ne deviez avoir que de l'horreur ;
Vous avez bien fait plus. Votre humeur arrogante,
Sur le mépris de mille Rois,
Jusques aux Cieux, a porté de son choix
L'ambition extravagante.

PSICHÉ.

J'aurois porté mon choix, Déesse, Jusqu'aux Cieux ?

VENUS.

Votre insolence est sans seconde.
Dédaigner tous les Rois du monde
N'est-ce pas aspirer aux Dieux ?

PSICHÉ.

Si l'Amour pour eux tous m'avoit endurci l'ame,
Et me réservoit toute à lui,
En puis-je être coupable ; & faut-il qu'aujourd'hui,
Pour prix d'une si belle flamme,
Vous vouliez m'accabler d'un éternel ennui ?

VENUS.

Psiché, vous deviez mieux connoître
Qui vous étiez, & quel étoit ce Dieu.

PSICHÉ.

Et m'en a-t-il donné ni le temps, ni le lieu,
Lui qui de tout mon cœur d'abord s'est rendu maître ?

VENUS.

Tout votre cœur s'en est laissé charmer,
Et vous l'avez aimé dès qu'il vous a dit, j'aime.

PSICHÉ.

Pouvois-je n'aimer pas le Dieu qui fait aimer,
Et qui me parloit pour lui-même ?
C'est votre fils, vous sçavez son pouvoir,
Vous en connoissez le mérite.

PSICHÉ,
VENUS.

Oui, c'est mon fils ; mais un fils qui m'irrite,
Un fils qui me rend mal ce qu'il sçait me devoir,
Un fils qui fait qu'on m'abandonne,
Et qui, pour mieux flatter ses indignes amours,
Depuis que vous l'aimez, ne blesse plus personne
Qui vienne à mes Autels implorer mon secours.
Vous m'en avez fait un rebelle,
On m'en verra vangée, & hautement sur vous ;
Et je vous apprendrai s'il faut qu'une mortelle
Souffre qu'un Dieu soupire à ces genoux.
Suivez-moi, vous verrez, par votre expérience,
A quelle folle confiance
Vous portoit cette ambition.
Venez, & préparez autant de patience,
Qu'on vous voit de présomption.

Fin du quatrieme Acte.

IV. INTERMEDE.

*L*A Scene represente les enfers. On y voit une mer toute de feu, dont les flots sont dans une perpétuelle agitation. Cette mer effroyable est bornée par des ruines enflammées ; & , au milieu de ses flots agités , au travers d'une gueule affreuse , paroît le Palais infernal de Pluton.

PREMIERE ENTRÉE DE BALLET.

*D*Es Furies se réjouissent d'avoir allumé la rage dans l'ame de la plus douce des Divinités.

TRAGI-COMEDIE & BALLET. 197

II. ENTRÉE DE BALLET.

Des Lutins faisant des sauts périlleux, se mêlent avec les Furies, & essaient d'épouvanter Psiché; mais les charmes de sa beauté obligent les Furies & les Lutins à se retirer.

Fin du quatrieme Intermede.

ACTE V.

Psiché passe dans une barque, & paroît avec la boîte qu'elle a été demander à Proserpine de la part de Vénus.

SCENE PREMIERE.
PSICHÉ.

EFFROYABLES replis des ondes infernales,
Noirs Palais, où Mégere & ses sœurs font leur Cour,
Eternels ennemis du jour,
Parmi vos Ixions, & parmi vos Tantales,
Parmi tant de tourmens qui n'ont point d'intervalles,
Est-il dans votre affreux séjour
Quelques peines qui soient égales
Aux travaux où Vénus condamne mon amour?
Elle n'en peut être assouvie;
Et, depuis qu'à ses loix je me trouve asservie;
Depuis qu'elle me livre à ses ressentimens,
Il m'a fallu, dans ces cruels momens,
Plus d'une ame, & plus d'une vie,
Pour remplir ses commandemens.
Je souffrirois tout avec joie,
Si, parmi les rigueurs que sa haine déploie,
Mes yeux pouvoient revoir, ne fût-ce qu'un moment,
Ce cher, cet adorable amant;
Je n'ose le nommer; ma bouche criminelle
D'avoir trop exigé de lui,
S'en est rendu indigne; &, dans ce dur ennui,
La souffrance la plus mortelle

Dont m'accable, à tout heure, un renaiſſant trépas,
　　Eſt celle de ne le voir pas.
　　Si ſon courroux duroit encore,
Jamais aucun malheur n'approcheroit du mien ;
Mais s'il avoit pitié d'une ame qui l'adore,
Quoiqu'il fallût ſouffrir, je ne ſouffrirois rien.
Oui, Deſtins, s'il calmoit cette juſte colere,
　　Tous mes malheurs ſeroient finis ;
Pour me rendre inſenſible aux fureurs de la mere,
　　Il ne faut qu'un regard du fils.
Je n'en veux plus douter, il partage ma peine,
Il voit ce que je ſouffre, & ſouffre comme moi ;
　　Tout ce que j'endure le gêne ;
Lui-même il s'en impoſe une amoureuſe loi.
En dépit de Vénus, en dépit de mon crime,
C'eſt lui qui me ſoutient, c'eſt lui qui me ranime
Au milieu des périls où l'on me fait courir ;
Il garde la tendreſſe où ſon feu le convie,
Et prend ſoin de me rendre une nouvelle vie,
　　Chaque fois qu'il me faut mourir.
　　Mais que me veulent ces deux ombres,
Qu'à travers le faux jour de ces demeures ſombres,
　　J'entrevois s'avancer vers moi ?

SCENE II.
PSICHÉ, CLEOMENE, AGENOR.

PSICHÉ.

CLéomene, Agénor, eſt-ce vous que je voi ?
　　Qui vous a ravi la lumiere ?

CLEOMENE.

La plus juſte douleur, qui d'un beau déſeſpoir
　　Nous eût pu fournir la matiere,
Cette pompe funebre, où du ſort le plus noir
　　Vous attendiez la rigueur la plus fiere ;
　　L'injuſtice la plus entiere.

AGENOR.

Sur ce même rocher, où le Ciel en courroux
    Vous promettoit au lieu d'époux,
Un serpent, dont soudain vous seriez dévorée,
    Nous tenions la main préparée
A repousser sa rage, ou mourir avec vous.
Vous le sçavez, Princesse ; & lorsqu'à notre vue,
Par le milieu des airs vous êtes disparue,
Du haut de ce rocher, pour suivre vos beautés,
Ou plutôt pour goûter cette amoureuse joie,
D'offrir pour vous au monstre une premiere proie,
D'amour & de douleur l'un & l'autre emportés,
    Nous nous sommes précipités.

CLEOMENE.

Heureusement déçus au sens de votre oracle,
Nous en avons ici reconnu le miracle ;
Et sçu que le serpent prêt à vous dévorer,
    Etoit le Dieu qui fait qu'on aime ;
Et qui, tout Dieu qu'il est, vous adorant lui-même,
    Ne pouvoit endurer
Qu'un mortel comme nous, osât vous adorer.

AGENOR.

    Pour prix de vous avoir suivie,
Nous jouissons ici d'un trépas assez doux.
    Qu'avions-nous affaire de vie,
    Si nous ne pouvions être à vous ?
    Nous revoyons ici vos charmes,
Qu'aucun des deux là-haut n'auroit revus jamais.
Heureux, si nous voyons la moindre de vos larmes
Honorer des malheurs que vous nous avez faits.

PSICHÉ.

    Puis-je avoir des larmes de reste,
Après qu'on a porté les miens au dernier point ?
Unissons nos soupirs dans un sort si funeste,
    Les soupirs ne s'épuisent point ;
Mais vous soupireriez, Princes, pour une ingrate.
Vous n'avez point voulu survivre à mes malheurs ;
    Et, quelque douleur qui m'abatte,

TRAGI-COMEDIE, & BALLET.

Ce n'est point pour vous que je meurs.
CLEOMENE.
L'avons-nous mérité, nous, dont toute la flamme
N'a fait que vous lasser du recit de nos maux ?
PSICHÉ.
Vous pouviez mériter, Princes, toute mon ame,
  Si vous n'eussiez été rivaux.
  Ces qualités incomparables,
Qui de l'un & de l'autre accompagnoient les vœux,
  Vous rendoient tous deux trop aimables,
  Pour méprifer aucun des deux.
AGENOR.
Vous avez pu, sans être injuste, ni cruelle,
Nous refufer un cœur réfervé pour un Dieu.
Mais revoyez Vénus. Le destin nous rappelle,
  Et nous force à vous dire adieu.
PSICHÉ.
Ne vous donne-t-il point le loifir de me dire
  Quel est ici votre féjour ?
CLEOMENE.
Dans les bois toujours verds, où d'amour on respire.
  Auffi-tôt qu'on est mort d'amour,
D'amour on y revit, d'amour on y foupire,
Sous les plus douces loix de fon heureux Empire,
Et l'éternelle nuit n'ofe en chaffer le jour
  Que lui-même il attire
  Sur nos fantômes qu'il infpire,
Et dont, aux enfers même, il fe fait une Cour.
AGENOR.
Vos envieufes fœurs, après nous defcendues,
  Pour vous perdre, fe font perdues ;
  Et l'un & l'autre, tour à tour,
Pour le prix d'un confeil qui leur coûte la vie,
A côté d'Ixion, à côté de Titye,
Souffre tantôt la roue, & tantôt le vautour.
L'Amour par les Zéphirs s'eft fait prompte juftice
De leur envenimée & jaloufe malice ;
Ces Miniftres ailés de fon jufte courroux,

I 5

Sous couleur de les rendre encore auprès de vous,
Ont plongé l'un & l'autre au fond d'un précipice,
Où le spectacle affreux de leurs corps déchirés,
N'étale que le moindre & le premier supplice
   De ces conseils dont l'artifice
  Fait les maux dont vous soupirez.
    PSICHÉ.
 Que je les plains !
    CLEOMENE.
      Vous êtes seule à plaindre.
Mais nous demeurons trop à vous entretenir ;
Adieu. Puissions-nous vivre en votre souvenir !
Puissiez-vous, & bientôt, n'avoir plus rien à crain-
 dre !
Puisse, & bientôt, l'Amour vous enlever aux Cieux,
  Vous y mettre à côté des Dieux ;
Et rallumant un feu qui ne se puisse éteindre,
Affranchir à jamais l'éclat de vos beaux yeux,
   D'augmenter le jour en ces lieux !

SCENE III.

PSICHÉ seule.

Pauvres Amans ! Leur amour dure encore !
Tous morts qu'ils sont, l'un & l'autre m'adore ;
Moi, dont la dureté reçut si mal leurs vœux.
Tu n'en fais pas ainsi, toi, qui seul m'as ravie,
Amant, que j'aime encor cent fois plus que ma vie,
   Et qui brises de si beaux nœuds.
  Ne me fuis plus, & souffre que j'espere
Que tu pourras un jour rabaisser l'œil sur moi,
Qu'à force de souffrir j'aurai de quoi te plaire,
   De quoi me rengager ta foi.
Mais ce que j'ai souffert m'a trop défigurée,
   Pour rappeller un tel espoir ;
  L'œil abattu, triste, désespérée,

TRAGI-COMEDIE, & BALLET.

Languissante & décolorée,
De quoi puis-je me prévaloir,
Si par quelque miracle, impossible à prévoir,
Ma beauté qui t'a plu ne se voit réparée ?
Je porte ici de quoi la réparer.
Ce trésor de beauté divine,
Qu'en mes mains, pour Vénus, a remis Proserpine ;
Enferme des appas dont je puis m'emparer ;
Et l'éclat en doit être extrême,
Puisque Vénus, la beauté même,
Les demande pour se parer.
En dérober un peu seroit-ce un si grand crime ?
Pour plaire aux yeux d'un Dieu qui s'est fait mon
Amant ?
Pour regagner son cœur & finir mon tourment,
Tout n'est-il pas trop légitime ?
Ouvrons. Quelles vapeurs m'offusquent le cerveau,
Et que vois-je sortir de cette boëte ouverte ?
Amour, si ta pitié ne s'oppose à ma perte,
Pour ne revivre plus, je descends au tombeau.
(*Psiché s'évanouit.*)

SCENE IV.

L'AMOUR, PSICHÉ *évanouie.*

L'AMOUR.

Votre péril, Psiché, dissipe ma colere,
Ou plutôt de mes feux l'ardeur n'a point cessé ;
Et, bien qu'au dernier point vous m'ayez sçu déplaire,
Je ne me suis intéressé
Que contre celle de ma mere.
J'ai vu tous vos travaux, j'ai suivi vos malheurs,
Mes soupirs ont par-tout accompagné vos pleurs ;
Tournez vos yeux vers moi, je suis encore le même,
Quoi, je dis & redis tout haut que je vous aime,
Et vous ne dites point, Psiché, que vous m'aimez ?
Est-ce que pour jamais vos beaux yeux sont fermés,

Qu'à jamais la clarté leur vient d'être ravie ?
O Mort, devois-tu prendre un dard si criminel ?
Et, sans aucun respect pour mon être éternel,
  Attenter à ma propre vie ?
  Combien de fois, ingrate Déité,
   Ai-je grossi ton noir Empire
  Par les mépris & par la cruauté
  D'une orgueilleuse ou farouche beauté ?
   Combien même, s'il le faut dire,
  T'ai-je immolé de fideles Amans
   A force de ravissemens ?
   Va, je ne blesserai plus d'ames,
   Je ne percerai plus de cœurs
Qu'avec des dards trempés aux divines liqueurs,
Qui nourrissent du Ciel les immortelles flammes ;
Et n'en lancerai plus que pour faire à tes yeux
  Autant d'Amans, autant de Dieux.
  Et vous, impitoyable mere,
   Qui la forcez à m'arracher
  Tout ce que j'avois de plus cher,
Craignez à votre tour l'effet de ma colere.
  Vous me voulez faire la loi,
Vous, qu'on voit si souvent la recevoir de moi ;
Vous, qui portez un cœur sensible comme un autre,
Vous enviez au mien les délices du vôtre ?
Mais, dans ce même cœur, j'enfoncerai des coups
Qui ne seront suivis que de chagrins jaloux ;
Je vous accablerai de honteuses surprises ;
Et choisirai par-tout, à vos vœux les plus doux
  Des Adonis & des Anchises,
  Qui n'auront que haine pour vous.

SCENE V.

VENUS, L'AMOUR, PSICHÉ *évanouie.*

VENUS.

$\mathcal{S}$A menace est respectueuse ;
Et d'un enfant qui fait le révolté,

TRAGI-COMEDIE & BALLET.

La colere présomptueuse...

L'AMOUR.

Je ne suis plus enfant, & je l'ai trop été ;
Et ma colere est juste autant qu'impétueuse.

VENUS.

L'impétuosité s'en devroit retenir ;
Et vous pourriez vous souvenir
Que vous me devez la naissance.

L'AMOUR.

Et vous pourriez n'oublier pas
Que vous avez un cœur & des appas
Qui relevent de ma puissance ;
Que m n arc, de la vôtre, est l'unique soutien,
Que, sans mes traits, elle n'est rien ;
Et que, si les cœurs les plus braves,
En triomphe, par vous, se sont laissés traîner,
Vous n'avez jamais fait d'esclaves,
Que ceux qu'il m'a plu d'enchaîner.
Ne me vantez donc plus ces droits de la naissance.
Qui tyrannisent mes desirs ;
Et, si vous ne voulez perdre mille soupirs,
Songez, en me voyant, à la reconnoissance,
Vous qui tenez de ma puissance
Et votre gloire & vos plaisirs.

VENUS.

Comment l'avez-vous défendue,
Cette gloire dont vous parlez ?
Comment me l'avez-vous rendue ?
Et, quand vous avez vu mes autels désolés,
Mes Temples violés,
Mes honneurs ravalés,
Si vous avez pris part à tant d'ignominie,
Comment en a-t-on vu punie
Psiché qui me les a volés ?
Je vous ai commandé de la rendre charmée
Du plus vil de tous les mortels,
Qui ne daignât répondre à son ame enflammée
Que par des rebuts éternels,

Par les mépris les plus cruels;
Et vous-même l'avez aimée !
Vous avez contre moi séduit des Immortels;
C'est pour vous qu'à mes yeux les Zéphirs l'ont cachée,
  Qu'Apollon même suborné,
 Par un Oracle adroitement tourné,
  Me l'avoit si bien arrachée,
   Que, si sa curiosité,
  Par une aveugle défiance,
  Ne l'eût rendue à ma vengeance,
 Elle échappoit à mon cœur irrité.
 Voyez l'état où votre amour l'a mise,
  Votre Psiché; son ame va partir;
Voyez; & si la votre en est encor éprise,
  Recevez son dernier soupir.
Menacez, bravez-moi, cependant qu'elle expire,
  Tant d'insolence vous sied bien,
Et je dois endurer quoi qu'il vous plaise dire,
Moi qui, sans vos traits, ne puis rien.

   L'AMOUR.

Vous ne pouvez que trop, Déesse impitoyable,
Le Destin l'abandonne à tout votre courroux;
  Mais soyez moins inexorable
Aux prieres, aux pleurs d'un fils à vos genoux.
 Ce doit vous être un spectacle assez doux
  De voir d'un œil Psiché mourante,
Et de l'autre ce fils, d'une voix suppliante,
Ne vouloir plus tenir son bonheur que de vous.
Rendez-moi ma Psiché, rendez-lui tous ses charmes,
  Rendez-la, Déesse, à mes larmes;
Rendez à mon amour, rendez à ma douleur,
Le charme de mes yeux, & le choix de mon cœur.

   VENUS.

 Quelque amour que Psiché vous donne,
De ses malheurs par moi n'attendez pas la fin;
  Si le destin me l'abandonne,
  Je l'abandonne à son destin.

TRAGI-COMÉDIE, & BALLET.

Ne m'importunez plus; &, dans cette infortune,
Laissez-là, sans Vénus, triompher ou périr.

L'AMOUR.

Hélas, si je vous importune,
Je ne le ferois pas si je pouvois mourir.

VENUS.

Cette douleur n'est pas commune,
Qui force un Immortel à souhaiter la mort.

L'AMOUR.

Voyez, par son excès, si mon amour est fort.
Ne lui ferez-vous grace aucune ?

VENUS.

Je vous l'avoue, il me touche le cœur,
Votre amour ; il désarme, il fléchit ma rigueur,
Votre Psiché reverra la lumiere.

L'AMOUR.

Que je vous vais par-tout faire donner d'encens !

VENUS.

Oui, vous la reverrez dans sa beauté premiere;
Mais de vos vœux reconnoissans
Je veux la déférence entiere.
Je veux qu'un vrai respect laisse à mon amitié
Vous choisir un autre moitié.

L'AMOUR.

Et moi, je ne veux plus de grace,
Je reprends toute mon audace,
Je veux Psiché, je veux sa foi,
Je veux qu'elle revive, & revive pour moi ;
Et tiens indifférent que votre haine lasse,
En faveur d'une autre se passe.
Jupiter qui paroît va juger entre nous,
De mes emportemens & de votre courroux.

Après quelques éclairs & des roulemens de tonnerre
Jupiter paroît en l'air sur son aigle, & descend su
terre.

SCENE DERNIERE.

JUPITER, VENUS, L'AMOUR,
PSICHÉ *évanouie*.

L'AMOUR.

Vous, à qui seul tout est possible,
Pere des Dieux, Souverain des mortels,
Fléchissez la rigueur d'une mere inflexible
Qui, sans moi, n'auroit point d'autels.
J'ai prié, j'ai pleuré, je soupire, menace,
Et perds menaces & soupirs.
Elle ne veut pas voir que de mes déplaisirs
Dépend du monde entier l'heureuse ou triste face ;
Et que, si Psiché perd le jour,
Si Psiché n'est à moi, je ne suis plus l'Amour.
Oui, je romprai mon arc, je briserai mes fleches,
J'éteindrai jusqu'à mon flambeau,
Je laisserai languir la nature au tombeau ;
Ou, si je daigne aux cœurs faire encor quelques
breches,
Avec ces pointes d'or, qui me font obéir,
Je vous blesserai tous là-haut pour des mortelles,
Et ne décocherai sur elles
Que des traits émoussés, qui forcent à haïr,
Et qui ne font que des rebelles,
Des ingrates & des cruelles.
Par quelle tirannique loi,
Tiendrai-je à vous servir mes armes toujours prêtes ;
Et vous ferai-je à tous conquêtes sur conquêtes,
Si vous me défendez d'en faire une pour moi ?

JUPITER à *Venus*.

Ma fille, sois-lui moins sévere,
Tu tiens de sa Psiché le destin en tes mains.

La Parque, au moindre mot, va suivre ta colere;
Parle, & laisse-toi vaincre aux tendresses de mere,
Ou redoute un courroux que moi-même je crains.
    Veux-tu donner le monde en proie
A la haine, au désordre, à la confusion;
    Et d'un Dieu d'union,
    D'un Dieu de douceurs & de joie,
Faire un Dieu d'amertume & de division;
    Considere ce que nous sommes;
Et si les passions doivent nous dominer.
  Plus la vengeance a de quoi plaire aux hommes,
    Plus il sied bien aux Dieux de pardonner.

VENUS.

    Je pardonne à ce fils rebelle;
  Mais voulez-vous qu'il me soit reproché
    Qu'une misérable mortelle,
L'objet de mon courroux, l'orgueilleuse Psiché,
    Sous ombre qu'elle est un peu belle,
    Par un hymen, dont je rougis,
Souille mon alliance, & le lit de mon fils?

JUPITER.

    Hé bien, je la fais immortelle,
    Afin d'y rendre tout égal.

VENUS.

Je n'ai plus de mépris, ni de haine pour elle,
Et l'admets à l'honneur de ce nœud conjugal.
    Psiché, reprenez la lumiere,
    Pour ne la reperdre jamais,
    Jupiter a fait votre paix?
    Et je quitte cette humeur fiere
    Qui s'opposoit à vos souhaits.

PSICHÉ *sortant de son évanouissement.*

    C'est donc vous, ô grande Déesse,
  Qui redonnez la vie à ce cœur innocent?

VENUS.

Jupiter vous fait grace, & ma colere cesse.
Vivez, Vénus l'ordonne; aimez; elle y consent,

PSICHÉ,
PSICHÉ à *l'Amour.*
Je vous revois enfin, cher objet de ma flamme!
L'AMOUR à *Psiché.*
Je vous possède enfin, délices de mon ame!
JUPITER.
Venez, amans, venez aux Cieux,
Achever un si grand & si digne hymenée,
Viens-y, belle Psiché, changer de destinée,
Viens prendre place au rang des Dieux.

Fin du cinquieme Acte.

V. INTERMEDE.

 Le Théatre reprefente le Ciel. Le Palais de Jupiter defcend, & laiffe voir dans l'éloignement, par trois fuite de perspective, les autres Palais des Dieux du Ciel les plus puiffans. Un nuage fort du Théatre, fur lequel l'Amour & Pfiché fe placent, & font enlevés par un fecond nuage, qui vient en defcendant fe joindre au premier. Jupiter & Vénus fe croifent en l'air, dans leurs machines, & fe rangent près de l'Amour & de Pfiché.

 Les Divinités qui avoient été partagées entre Vénus & fon fils, fe réuniffent en les voyant d'accord; & toutes enfemble par des concerts, des chants, & des danfes, célebrent la fête des noces de l'Amour & de Pfiché.

JUPITER, VENUS, L'AMOUR, PSICHÉ, CHŒUR DES DIVINITÉS CÉLESTES.
APOLLON, LES MUSES, LES ARTS *travestis en Bergers.*
BACCHUS, SILENE, SATYRES, EGYPANS, MENADES.
MOME, POLICHINELLES, MATASSINS, MARS, TROUPE DE GUERRIERS.

APOLLON.

  Uniffons-nous, troupe immortelle;
 Le Dieu d'amour devient heureux amant,
Et Vénus a repris fa douceur naturelle
  En faveur d'un fils fi charmant;
Il va goûter en paix, après un long tourment,
Une félicité qui doit être éternelle.

PSICHÉ,
CŒURS DES DIVINITÉS CÉLESTES.

Célébrons ce grand jour,
Célébrons tous une fête si belle !
Que nos chants en tous lieux en portent la nouvelle,
Qu'ils fassent retentir le céleste séjour.
Chantons, répétons tour-à-tour,
Qu'il n'est point d'ame si cruelle,
Qui, tôt ou tard, ne se rendre à l'Amour.

BACCHUS.

SI quelquefois,
Suivant nos douces loix,
La raison se perd & s'oublie,
Ce que le vin nous cause de folie
Commence & finit en un jour ?
Mais quand un cœur est enivré d'amour,
Souvent c'est pour toute la vie.

MOME.

JE cherche à médire,
Sur la Terre & dans les Cieux ;
Je soumets à ma satyre ;
Les plus grands des Dieux.
Il n'est dans l'Univers que l'Amour qui m'étonne,
Il est le seul que j'épargne aujourd'hui ;
Il n'appartient qu'à lui
De n'épargner personne.

MARS.

MEs plus fiers ennemis vaincus ou pleins d'effroi,
Ont vu toujours ma valeur triomphante ;
L'Amour est le seul qui se vante
D'avoir pu triompher de moi.

CHŒUR DES DIVINITÉS CÉLESTES.

Chantons les plaisirs charmans
Des heureux Amans ;
Que tout le Ciel s'empresse
À leur faire sa cour.
Célébrons ce beau jour
Par mille doux chants d'allegresse ;
Célébrons ce beau jour
Par mille doux chants pleins d'amour.

PREMIERE ENTRÉE DE BALLET.

SUITE D'APOLLON.

Danse des Airs travestis en Bergers.

APOLLON.

Le Dieu qui nous engage
A lui faire la cour,
Défend qu'on soit trop sage.
Les plaisirs ont leur tour,
C'est leur plus doux usage,
Que de finir les soins du jour.
La nuit est le partage
Des jeux & de l'Amour.

Ce seroit grand dommage
Qu'en ce charmant séjour
On eût un cœur sauvage.
Les plaisirs ont leur tour,
C'est leur plus doux usage,
Que de fuir les soins du jour.
La nuit est le partage
Des Jeux & de l'Amour.

DEUX MUSES.

Gardez-vous, beautés sévéres,
 Les amours font trop d'affaires ;
Craignez toujours de vous laisser charmer.
 Quand il faut que l'on soupire,
 Tout le mal n'est pas de s'enflammer ;
  Le martyre
  De le dire,
 Coûte plus cent fois que d'aimer.

On ne peut aimer sans peines,
 Il est peu de douces chaînes,
A tout moment on se sent alarmer ;
 Quand il faut que l'on soupire,
 Tout le mal n'est pas de s'enflammer ;
  Le martyre
  De le dire,
 Coûte plus cent fois que d'aimer.

II. ENTRÉE DE BALLET.

SUITE DE BACCHUS.

Danse des Ménades & des Egypans.

BACCHUS.

Admirons le jus de la treille ;
Qu'il est puissant, qu'il a d'attraits,
Il sert aux douceurs de la paix,
Et dans la guerre fait merveille,
Mais, sur-tout, pour les amours,
Le vin est d'un grand secours.

SILENE *monté sur un âne.*

Bacchus veut qu'on boive à longs traits ;
   On ne se plaint jamais
   Sous son heureux empire ;
Tout le jour on n'y fait que rire ;
Et la nuit on y dort en paix.

Ce Dieu rend nos vœux satisfaits,
   Que sa Cour a d'attraits !
   Chantons-y bien sa gloire.
Tout le jour on n'y fait que boire ;
Et la nuit on y dort en paix.

SILENE & DEUX SATYRES *ensemble.*
Voulez-vous des douceurs parfaites ?
Ne les cherchez qu'au fond des pots.

1. SATYRE.
Les grandeurs sont sujettes
A mille peines secrettes.

2. SATYRE.
L'Amour fait perdre le repos.

TOUS TROIS ENSEMBLE.
Voulez-vous des douceurs parfaites ?
Ne les cherchez qu'au fond des pots.

1. SATYRE.
C'est-là que sont les ris, les jeux, les chansonnettes.

2. SATYRE.
C'est dans le vin qu'on trouve les bons mots.

TOUS TROIS ENSEMBLE.
Voulez-vous des douceurs parfaites ?
Ne les cherchez qu'au fond des pots.

III. ENTRÉE DE BALLET.

Deux autres Satyres enleve Silene de deſſus ſon âne, qui leur ſert à voltiger, & à former des jeux agréables & ſurprenans.

IV. ENTRÉE DE BALLET.
SUITE DE MOME.

Danſe de Polichinelles & de Mataſſins.

MOME.

Folâtrons, divertiſſons-nous,
Raillons, nous ne ſçaurions mieux faire,
   La raillerie eſt néceſſaire.
   Dans les jeux les plus doux.
Sans la douceur que l'on goûte à médire,
On trouve peu de plaiſirs ſans ennui ;
   Rien n'eſt ſi plaiſant que de rire,
   Quand on rit aux dépens d'autrui.

   Plaiſantons, ne pardonnons rien,
   Rions, rien n'eſt plus à la mode,
   On court péril d'être incommode,
     En diſant trop de bien.
Sans la douceur que l'on goûte à médire,
On trouve peu de plaiſirs ſans ennui ;
   Rien n'eſt ſi plaiſant que de rire,
   Quand on rit aux dépens d'autrui.

V. ENTRÉE DE BALLET.
SUITE DE MARS.
MARS.

Laissons en paix toute la terre,
Cherchons de doux amusemens ;
Parmi les jeux le plus charmans ;
Mêlons l'image de la guerre.

Quatre Guerriers portant des masses & des boucliers, quatre autres armés de piques, & quatre autres avec des drapeaux, font en dansant une maniere d'exercice.

VI. & derniere ENTRÉE DE BALLET.

Les quatre troupes différentes de la suite d'Apollon, de Bacchus, de Mome & de Mars, s'unissent & se mêlent ensemble.

CHŒUR DES DIVINITÉS CÉLESTES.

Chantons les plaisirs charmans
Des heureux amans.
Répondez-nous, trompettes,
Timbales & tambours ;
Accordez-vous toujours
Avec le doux son des musettes ;
Accordez-vous toujours
Avec le doux chant des Amours.

Fin du cinquieme Intermede.

NOMS DES PERSONNES QUI ONT recité, dansé & chanté dans Psiché, Tragi-Comédie, & Ballet.

DANS LE PROLOGUE.

Flore, *Mademoiselle Hilaire.* Vertumne, *le Sieur de la Grille.* Sylvains dansans, *les Sieurs Chicanneau, la Pierre, Favier, Magny.* Dryades dansantes, *les Sieurs de Lorge, Bonnard, Chauveau, Favre.* Palémon, *le Sieur Gaye.* Dieux des fleuves, dansans, *les Sieurs Beauchamp, Mayeu, Desbrosses & saint André le cadet.* Nayades dansantes, *les Sieurs Lestang, Arnal, Favier le cadet, & Foignard le cadet.* Chœurs des Divinités chantantes de la terre & des eaux... Vénus, *Mademoiselle de Brie.* Les deux Graces, *Mesdemoiselles la Thorilliere & du Croisy.* L'amour, *le Sieur la Thorilliere le fils.* Six Amours.

DANS LA TRAGI-COMEDIE.

L'Amour, *le Sieur Baron.* Psiché, *Mademoiselle Moliere.* Les deux sœurs de Psiché, *Mesdemoiselles Marotte & Beauval.* Le Roi, *le Sieur la Thorilliere.* Lycas, *le Sieur Châteauneuf.* Les deux Amans de Psiché, *les Sieurs Hubert & la Grange.* Venus, *Mademoiselle de Brie.* Un fleuve, *le Sieur de Brie.* Jupiter, *le Sieur du Croisy.* Zephyre, *le Sieur Moliere.* Suite du Roi...

DANS LE BALLET.

PREMIER INTERMEDE.

Femme désolée, *Mademoiselle Hilaire.* Hommes affligés, *les Sieurs Morel & Langeais.* Hommes affligés dansans, *les Sieurs Dolivet, le Chantre,*

TRAGI-COMEDIE, & BALLET.

faint André l'aîné, & faint André le cadet, la Montagne, & Foignard l'aîné. Femmes affligées dansantes, *les Sieurs Bonnard, Joubert, Dolivet le fils, Isaac, Vaignard l'aîné & Girard.*

SECOND INTERMEDE.

Vulcain, *le Sieur ..* Cyclopes dansans, *les Sieurs Beauchamp, Chicanneau, Mayeu, la Pierre, Favier, Desbroffes, Joubert, & saint André le cadet.* Fées dansantes, *les Sieurs Noblet, Magny, de Lorge, Lestang, la Montagne, Foignard l'aîné & Foignard le cadet, Vaignard l'aîné.*

TROISIEME INTERMEDE.

Zephyr chantant, *le Sieur Jannot.* Deux Amours chantans, *les Sieurs Renier & Pierrot.* Zephyrs dansans, *les Sieurs Boutteville, des Airs, Artus, Vaignard le cadet, Germain, Pécourt, du Mirail & Lestang le jeune.* Amours dansans, *le Chevalier Pol, les Sieurs Rouillant, Thibaut, la Montagne, Dolivet fils, Daluzeau, Vitrou & la Thorilliere.*

QUATRIEME INTERMEDE.

Furies dansantes, *les Sieurs Beauchamp, Hidieu, Chicanneau, Mayeu, Desbroffes, Magny, Foigard le cadet, Joubert, Lestang, Favier l'aîné & saint André le cadet.* Lutins faisans des sauts périlleux, *les Sieurs Cobus, Maurice, Poulet & Petit-Jean.*

CINQUIEME INTERMEDE.

Apollon, *le Sieur Langeais.* Arts travestis en Bergers dansans, *les Sieurs Beauchamp, Chicanneau, la Pierre, Favier l'aîné, Magny, Noblet, Desbroffes, Lestang, Foignard l'aîné & Foignard le ca-*

det. Deux Muses chantans, *Mesdemoiselles Hilaire & Desfronteaux*, Bacchus, *le Sieur Gaye*. Ménades dansantes, *les Sieurs Isaac, Paysan, Joubert, Dolivet fils, Bretau & Desforges*. Egypans dansans, *les Sieurs Dolivet, Hidieu, le Chantre, Royer, saint André l'aîné & saint André le cadet*. Silene, *le Sieur Blondel*. Satyres chantans, *les Sieurs la Grille & Bernard*. Satyres voltigeurs, *les Sieurs de Miniglaise & de Vieux-amant*. Mome, *le Sieur Morel*. Matassins dansans, *les Sieurs de Lorge, Bonnard, Arnal, Favier le cadet, Goyer & Bureau*. Polichinelles dansans, *les Sieurs Manceau, Girard, la Valée, Favre, le Febvre & la Montagne*. Mars, *le Sieur Estival*. Conducteur de la suite de Mars, *le Sieur Rebel*. Suivans de Mars, dansans. Guerriers avec des drapeaux, *les Sieurs Beauchamp, Mayeu, la Pierre & Favier*. Guerriers armés de piques *les Sieurs Noblet, Chicanneau, Magny & Lestang*. Guerriers portant des masses & des boucliers, *les Sieurs Camet, la Haye, le Duc & du Buisson*. Chœur des Divinités célestes...

F I N.

LES FEMMES
SÇAVANTES,
COMEDIE.

ACTEURS.

CHRISALE, Bourgeois.

PHILAMINTE, Femme de Chrisale.

ARMANDE, } Filles de Chrisale &
HENRIETTE, } de Philaminte.

ARISTE, Frere de Chrisale.

BELISE, Sœur de Chrisale.

CLITANDRE, Amant d'Henriette.

TRISSOTIN, Bel-Esprit.

VADIUS, Sçavant.

MARTINE, Servante.

L'ÉPINE, Valet de Chrisale.

JULIEN, Valet de Vadius.

UN NOTAIRE.

La Scene est à Paris, dans la maison de Chrisale.

Tome. IV.

LES FEMMES SCAVANTES

LES FEMMES SÇAVANTES,
COMEDIE.

ACTE PREMIER.

SCENE PREMIERE.
ARMANDE, HENRIETTE.

ARMANDE.

Quoi, le beau nom de fille est un titre, ma sœur,
Dont vous voulez quitter la charmante douceur ;
Et de vous marier vous osez faire fête !
Ce vulgaire dessein vous peut monter en tête ?

HENRIETTE.
Oui, ma sœur.

ARMANDE.
Ah, ce oui se peut-il supporter ;
Et sans un mal de cœur, sçauroit-on l'écouter !

HENRIETTE.

Qu'a donc le mariage en foi qui vous oblige,
Ma sœur ?...

ARMANDE.

Ah, mon Dieu, fi !

HENRIETTE.

Comment ?

ARMANDE.

Ah, fi, vous dis-je !
Ne concevez-vous point ce que, dès qu'on l'entend,
Un tel mot à l'esprit offre de dégoûtant,
De quelle étrange image on est par lui bleffée,
Sur quelle fale vue il traîne la penfée ?
N'en friffonnez-vous point ; & pouvez-vous, ma
    fœur,
Aux fuites de ce mot réfoudre votre cœur !

HENRIETTE.

Les fuites de ce mot, quand je les envifage,
Me font voir un mari, des enfans, un ménage ;
Et je ne vois rien-là, fi j'en puis raifonner,
Qui bleffe la penfée, & faffe friffonner.

ARMANDE.

De tels attachemens, ô Ciel, font pour vous plaire !

HENRIETTE.

Et qu'eft-ce qu'à mon âge on a de mieux à faire,
Que d'attacher à foi, par le titre d'époux,
Un homme qui vous aime, & foit aimé de vous ?
Et, de cette union de tendreffe fuivie,
Se faire les douceurs d'une innocente vie ?
Ce nœud bien afforti n'a-t-il pas des appas ?

ARMANDE.

Mon Dieu, que votre efprit est d'un étage bas !
Que vous jouez au monde un petit perfonnage,
De vous claquemurer aux chofes du ménage ;
Et de n'entrevoir point de plaifirs plus touchans,
Qu'un idole d'époux & des marmots d'enfans !
Laiffez aux gens groffiers, aux perfonnes vulgaires,
Les bas amufemens de ces fortes d'affaires.

A de plus beaux objets élevez vos defirs.
Songez à prendre un goût des plus nobles plaifirs ;
Et, traitant de mépris les fens & la matiere,
A l'efprit, comme nous, donnez-vous toute entiere.
Vous avez notre mere en exemple à vos yeux,
Que du nom de fçavante on honore en tous lieux ;
Tâchez, ainfi que moi, de vous montrer fa fille,
Afpirez aux clartés qui font dans la famille,
Et vous rendez fenfible aux charmantes douceurs
Que l'amour de l'étude épanche dans les cœurs.
Loin d'être aux loix d'un homme en efclave affervie,
Mariez-vous, ma fœur, à la philofophie,
Qui nous monte au-deffus de tout le genre-humain,
Et donne à la raifon l'empire fouverain,
Soumettant à fes loix la partie animale
Dont l'appétit groffier aux bêtes nous ravale.
Ce font-là les beaux feux, les doux attachemens
Qui doivent de la vie occuper les momens ;
Et les foins, où je vois tant de femmes fenfibles,
Me paroiffent aux yeux des pauvretés horribles.

HENRIETTE.

Le Ciel, dont nous voyons que l'ordre eft tout-
 puiffant,
Pour différens emplois nous fabrique en naiffant ;
Et tout efprit n'eft pas compofé d'une étoffe,
Qui fe trouve taillée à faire un philofophe.
Si le vôtre eft né propre aux élévations
Où montent des fçavans les fpéculations,
Le mien eft fait, ma fœur, pour aller terre à terre ;
Et dans les petits foins fon foible fe refferre.
Ne troublons point du Ciel les juftes réglemens,
Et de nos deux inftincts fuivons les mouvemens.
Habitez, par l'effor d'un grand & beau génie,
Les hautes régions de la philofophie ;
Tandis que mon efprit, fe tenant ici bas,
Goûtera de l'hymen les terreftres appas.
Ainfi, dans nos deffeins, l'une à l'autre contaire,
Nous fçaurons toutes deux imiter notre mere ;

Vous, du côté de l'ame & des nobles defirs,
Moi du côté des fens & des groffiers plaifirs ;
Vous, aux productions d'efprit & de lumiere,
Moi, dans celles, ma fœur, qui font de la matiere.
ARMANDE.
Quand fur une perfonne on prétend fe régler,
C'eft par les beaux côtés qu'il lui faut reffembler ;
Et ce n'eft point du tout la prendre pour modèle,
Ma fœur, que de touffer & de cracher comme elle.
HENRIETTE.
Mais vous ne feriez pas ce dont vous vous vantez,
Si ma mere n'eût eu que de ces beaux côtés ;
Et bien vous prend, ma fœur, que fon noble génie
N'ait pas vaqué toujours à la philofophie.
De grace, fouffrez-moi, par un peu de bonté,
Des baffeffes à qui vous devez la clarté ;
Et ne fuprimez point, voulant qu'on vous feconde,
Quelque petit fçavant qui veut venir au monde.
ARMANDE.
Je vois que votre efprit ne peut être guéri
Du fol entêtement de vous faire un mari ;
Mais fçachons, s'il vous plaît, qui vous fongez à prendre ?
Votre vifée, au moins, n'eft pas mife à Clitandre ?
HENRIETTE.
Et par quelle raifon n'y feroit-elle pas ?
Manque-t-il de mérite ? Eft-ce un choix qui foit bas ?
ARMANDE.
Non ; mais c'eft un deffein qui feroit malhonnête
Que de vouloir d'une autre enlever la conquête ;
Et ce n'eft pas un fait dans le monde ignoré,
Que Clitandre ait pour moi hautement foupiré.
HENRIETTE.
Oui ; mais tous ces foupirs, pour vous font chofes vaines,
Et vous ne tombez pas aux baffeffes humaines ;
Votre efprit à l'hymen renonce pour toujours,
Et la philofophie a toutes vos amours.

COMEDIE.

Ainsi, n'ayant au cœur nul dessein pour Clitandre,
Que vous importe-t-il qu'on y puisse prétendre?
ARMANDE.
Cet empire que tient la raison sur les sens,
Ne fait pas renoncer aux douceurs des encens;
Et l'on peut, pour époux, refuser un mérite,
Que pour adorateur, on veut bien à sa suite.
HENRIETTE.
Je n'ai pas empêché qu'à vos perfections
Il n'ait continué ses adorations;
Et je n'ai fait que prendre, au refus de votre ame,
Ce qu'est venu m'offrir l'hommage de sa flamme.
ARMANDE.
Mais, à l'offre des vœux d'un amant dépité,
Trouvez-vous, je vous prie, entiere sûreté?
Croyez-vous pour vos yeux sa passion bien forte,
Et qu'en son cœur, pour moi, toute flamme soit
   morte?
HENRIETTE.
Il me le dit, ma sœur; &, pour moi, je le croi.
ARMANDE.
Ne soyez pas, ma sœur, d'une si bonne foi;
Et croyez, quand il dit qu'il me quitte & vous aime,
Qu'il n'y songe pas bien, & se trompe lui-même.
HENRIETTE.
Je ne sçais; mais enfin, si c'est votre plaisir,
Il nous est bien-aisé de nous en éclaircir.
Je l'apperçois qui vient; & sur cette matiere,
Il pourra nous donner une pleine lumiere.

SCENE II.

CLITANDRE, ARMANDE, HENRIETTE.

HENRIETTE.

Pour me tirer d'un doute où me jette ma sœur,
Entre elle & moi, Clitandre, expliquez votre cœur.
Découvrez-en le fond, & nous daignez apprendre
Qui de nous à vos vœux est en droit de prétendre.

ARMANDE.

Non, non, je ne veux point à votre passion
Imposer la rigueur d'une explication ;
Je ménage les gens & sçais comme embarrasse
Le contraignant effort de ces aveux en face.

CLITANDRE.

Non, Madame, mon cœur, qui dissimule peu,
Ne sent nulle contrainte à faire un libre aveu.
Dans aucun embarras un tel pas ne me jette ;
Et j'avouerai tout haut d'une ame franche & nette,
Que les tendres liens où je suis arrêté,
         (*montrant Henriette.*)
Mon amour & mes vœux sont tout de ce côté
Qu'à nulle émotion cet aveu ne vous porte ;
Vous avez bien voulu les choses de la sorte.
Vos attraits m'avoient pris, & mes tendres soupirs
Vous ont assez prouvé l'ardeur de mes désirs,
Mon cœur vous consacroit une flamme immortelle,
Mais vos yeux n'ont pas cru leur conquête assez belle,
J'ai souffert sous leur joug cent mépris différens,
Ils régnoient sur mon ame en superbes tyrans ;
Et je me suis cherché, lassé de tant de peines,
Des vainqueurs plus humains, & de moins rudes
    chaînes.

COMEDIE.

(*montrant Henriette.*)

Je les ai rencontrés, Madame, dans ces yeux,
Et leurs traits à jamais me feront précieux ;
D'un regard pitoyable ils ont féché mes larmes,
Et n'ont pas dédaigné le rebut de vos charmes.
De fi rares bontés m'ont fi bien fçu toucher,
Qu'il n'eft rien qui me puiffe à mes fers arracher ;
Et j'ofe maintenant vous conjurer, Madame,
De ne vouloir tenter nul effort fur ma flamme,
De ne point effayer à rappeller un cœur
Réfolu de mourir dans cette douce ardeur.

ARMANDE.

Hé, qui vous dit, Monfieur, que l'on ait cette envie,
Et que de vous enfin fi fort on fe foucie ?
Je vous trouve plaifant de vous le figurer,
Et bien impertinent de me le déclarer.

HENRIETTE.

Hé, doucement, ma fœur ! Où donc eft la morale
Qui fait fi bien régir la partie animale ;
Et retenir la bride aux efforts du courroux.

ARMANDRE.

Mais vous, qui m'en parlez, où la pratiquez-vous,
De répondre à l'amour que l'on vous fait paroître,
Sans le congé de ceux qui vous ont donné l'être ;
Sçachez que le devoir vous foumet à leurs loix,
Qu'il ne vous eft permis d'aimer que par leur choix,
Qu'ils ont fur votre cœur l'autorité fuprême ;
Et qu'il eft criminel d'en difpofer vous-même.

HENRIETTE.

Je rends grace aux bontés que vous me faites voir,
De m'enfeigner fi bien les chofes du devoir.
Mon cœur fur vos leçons veut régler fa conduite ;
Et, pour vous faire voir, ma fœur, que j'en profite,
Clitandre, prenez foin d'appuyer votre amour
De l'agrément de ceux dont j'ai reçu le jour.
Faites-vous fur mes vœux un pouvoir légitime,
Et me donnez moyen de vous aimer fans crime.

CLITANDRE.

J'y vais de tous mes soins travailler hautement ;
Et j'attendois de vous ce doux consentement.

ARMANDE.

Vous triomphez, ma sœur, & faites une mine
A vous imaginer que cela me chagrine.

HENRIETTE.

Moi, ma sœur, point du tout. Je sçais que sur vos
    sens
Les droits de la raison sont toujours tout puissans ;
Et que, par les leçons qu'on prend dans la sagesse,
Vous êtes au-dessus d'une telle foiblesse.
Loin de vous soupçonner d'aucun chagrin, je croi
Qu'ici vous daignerez vous employer pour moi,
Appuyer sa demande ; &, de votre suffrage,
Presser l'heureux moment de notre mariage.
Je vous en sollicite ; &, pour y travailler....

ARMANDE.

Votre petit esprit se mêle de railler ;
Et d'un cœur qu'on vous jette, on vous voit toute
    fiere.

HENRIETTE.

Tout jetté qu'est ce cœur, il ne vous déplaît guere ;
Et, si vos yeux sur moi le pouvoient ramasser,
Ils prendroient aisément le soin de se baisser.

ARMANDE.

A répondre à cela je ne daigne descendre ;
Et ce sont sots discours qu'il ne faut pas entendre.

HENRIETTE.

C'est fort bien fait à vous ; & vous nous faites voir
Des modérations qu'on ne peut concevoir.

SCENE II.

CLITANDRE, HENRIETTE.

HENRIETTE.

Votre sincere aveu ne l'a pas peu surprise.
CLITANDRE.
Elle mérite assez une telle franchise ;
Et toutes les hauteurs de sa folle fierté
Sont dignes, tout au moins, de ma sincérité.
Mais, puisqu'il m'est permis, je vais à votre pere,
Madame...
HENRIETTE.
Le plus sûr est de gagner ma mere.
Mon pere est d'une humeur à consentir à tout,
Mais il met peu de poids aux choses qu'il résout ;
Il a reçu du Ciel certaine bonté d'ame
Qui le soumet d'abord à ce que veut sa femme ;
C'est elle qui gouverne ; & d'un ton absolu,
Elle dicte pour loi ce qu'elle a résolu.
Je voudrois bien vous voir pour elle & pour ma tante,
Une ame, je l'avoue, un peu plus complaisante,
Un esprit, qui, flattant les visions du leur,
Vous pût de leur estime attirer la chaleur.
CLITANDRE.
Mon cœur n'a jamais pu, tant il est né sincere,
Même, dans votre sœur, flatter leur caractere ;
Et les femmes docteurs ne sont point de mon goût.
Je consens qu'une femme ait des clartés de tout ;
Mais je ne lui veux point la passion choquante
De se rendre sçavante, afin d'être sçavante ;
Et j'aime que souvent aux questions qu'on fait,
Elle sçache ignorer les choses qu'elle sçait ;

De son étude enfin je veux qu'elle se cache,
Et qu'elle ait du sçavoir sans vouloir qu'on le sçache,
Sans citer les Auteurs, sans dire de grands mots,
Et clouer de l'esprit à ses moindres propos.
Je respecte beaucoup Madame votre mere;
Mais je ne puis du tout approuver sa chimere :
Et me rendre l'écho des choses qu'elle dit,
Aux encens qu'elle donne à son héros d'esprit.
Son Monsieur Trissotin me chagrine, m'assomme ;
Et j'enrage de voir qu'elle estime un tel homme,
Qu'elle nous mette au rang des grands & beaux
  esprits,
Un benêt, dont par-tout on sifle les écrits ;
Un pédant dont on voit la plume libérale
D'officieux papiers fournir toute la halle.
HENRIETTE.
Ses écrits, ses discours, tout m'en semble ennuyeux,
Et je me trouve assez votre goût & vos yeux.
Mais, comme sur ma mere il a grande puissance,
Vous devez vous forcer à quelque complaisance.
Un amant fait sa cour où s'attache son cœur,
Il veut de tout le monde y gagner la faveur ;
Et, pour n'avoir personne à sa flamme contraire,
Jusqu'au chien du logis il s'efforce de plaire.
CLITANDRE.
Oui, vous avez raison ; mais Monsieur Trissotin
M'inspire au fond de l'ame un dominant chagrin.
Je ne puis consentir, pour gagner ses suffrages,
A me déshonorer en prisant ses ouvrages.
C'est par eux qu'à mes yeux il a d'abord paru,
Et je le connoissois avant que l'avoir vu.
Je vis dans le fratras des écrits qu'il nous donne,
Ce qu'étale en tous lieux sa pédante personne,
La constante hauteur de sa présomption,
Cette intrépidité de bonne opinion,
Cet indolent état de confiance extrême,
Qui le rend en tout tems si content de soi-même,
Qui fait qu'à son mérite incessamment il rit,

COMEDIE.

Qu'il se sçait si bon gré de tout ce qu'il écrit ;
Et qu'il ne voudroit pas changer sa renommée
Contre tous les honneurs d'un Général d'armée.

HENRIETTE.
C'est avoir de bons yeux, que de voir tout cela.

CLITANDRE.
Jusques à sa figure encore la chose alla,
Et je vis par les vers qu'à la tête il nous jette,
De quel air il falloit que fût fait le Poëte ;
Et j'en avois si bien deviné tous les traits,
Que, rencontrant un homme un jour dans le Palais,
Je gageai que c'étoit Trissotin en personne,
Et, je vis qu'en effet la gageure étoit bonne.

HENRIETTE.
Quel conte !

CLITANDRE.
Non, je dis la chose comme elle est,
Mais je vois votre tante. Agréez, s'il vous plaît,
Que mon cœur lui déclare ici notre mystere,
Et gagne sa faveur auprès de votre mere.

SCENE IV.
BELISE, CLITANDRE.
CLITANDRE.

Souffrez, pour vous parler, Madame, qu'un amant
Prenne l'occasion de cet heureux moment,
Et se découvre à vous de la sincere flamme...

BELISE.
Ah, tout beau ! Gardez vous de m'ouvrir trop votre ame.
Si je vous ai sçu mettre au rang de mes amans,
Contentez-vous des yeux pour vos seuls truchemens,
Et ne m'expliquez point, par un autre langage,

Des desirs qui chez moi passent pour un outrage.
Aimez-moi, soupirez, brûlez pour mes appas ;
Mais qu'il me soit permis de ne le sçavoir pas.
Je puis fermer les yeux sur vos flammes secrettes,
Tant que vous vous tiendrez aux muets interprêtes ;
Mais si la bouche vient à s'en vouloir mêler,
Pour jamais de ma vue il vous faut exiler.

CLITANDRE.
Des projets de mon cœur, ne prenez point d'allarme,
Henriette, Madame, est l'objet qui me charme ;
Et je viens ardemment conjurer vos bontés
De seconder l'amour que j'ai pour ses beautés.

BELISE.
Ah, certes le détour est d'esprit, je l'avoue !
Ce subtil faux-fuyant mérite qu'on le loue ;
Et dans tous les romans où j'ai jetté les yeux,
Je n'ai rien rencontré de plus ingénieux.

CLITANDRE.
Ceci n'est point du tout un trait d'esprit, Madame,
Et c'est un pur aveu de ce que j'ai dans l'ame.
Les Cieux, par les liens d'une immuable ardeur,
Aux beautés d'Henriette ont attaché mon cœur ;
Henriette me tient sous son aimable empire,
Et l'hymen d'Henriette est le bien où j'aspire.
Vous y pouvez beaucoup ; & tout ce que je veux,
C'est que vous y daigniez favoriser mes vœux.

BELISE.
Je vois où doucement veut aller la demande,
Et je sçais sous ce nom ce qu'il faut que j'entende.
La figure est adroite ; &, pour n'en point sortir,
Aux choses que mon cœur m'offre à vous répartir,
Je dirai qu'Henriette à l'hymen est rebelle ;
Et que, sans rien prétendre il faut brûler pour elle.

CLITANDRE.
Hé, Madame, à quoi bon un pareil embarras ?
Et pourquoi voulez-vous penser ce qui n'est pas ?

BELISE.
Mon Dieu ! Point de façons. Cessez de vous défendre,

De ce que vos regards m'ont souvent fait entendre.
Il suffit que l'on est contente du détour
Dont s'est adroitement avisé votre amour ;
Et que, sous la figure où le respect l'engage,
On veut bien se résoudre à souffrir son hommage,
Pourvu que ses transports, par l'honneur éclairés,
N'offrent à mes autels que des vœux épurés.

CLITANDRE.

Mais....

BELISE.

Adieu. Pour ce coup, ceci doit vous suffire,
Et je vous ai plus dit que je ne voulois dire.

CLITANDRE.

Mais votre erreur...

BELISE.

Laissez. Je rougis maintenant ;
Et ma pudeur, s'est fait un effort surprenant.

CLITANDRE

Je veux être pendu si je vous aime ; & sage....

BELISE.

Non, non, je ne veux rien entendre davantage.

SCENE V.

CLITANDRE seul.

Diantre soit de la folle avec ses visions !
A-t-on rien vu d'égal à ses préventions ?
Allons commettre un autre au soin que l'on me
      donne ;
Et prenons le secours d'une sage personne.

Fin du premier Acte.

ACTE II.

SCENE PREMIERE.

ARISTE, *quittant Clitandre, & lui parlant encore.*

Oui, je vous porterai la réponse au plutôt;
J'appuyerai, presserai, ferai tout ce qu'il faut;
Qu'un amant, pour un mot, a de choses à dire;
Et qu'impatiemment il veut ce qu'il desire!
Jamais....

SCENE II.
CHRISALE, ARISTE.

ARISTE.

AH, Dieu vous gard', mon frere!
CHRISALE.
     Et vous aussi,
Mon frere.
 ARISTE.
Sçavez-vous ce qui m'amene ici?
CHRISALE.
Non; mais si vous voulez, je suis prêt à l'apprendre.
ARISTE.
Depuis assez long-tems vous connoissez Clitandre?
CHRISALE.
Sans doute; & je le vois qui fréquente chez nous.

COMEDIE.

ARISTE.
En quel eſtime eſt-il, mon frere auprès de vous ?
CHRISALE.
D'homme d'honneur, d'eſprit, de cœur, & de
conduite ;
Et je vois peu de gens qui ſoient de ſon mérite.
ARISTE.
Certain deſir qu'il a, conduit ici mes pas ;
Et je me réjouis que vous en faſſiez cas.
CHRISALE.
Je connus feu ſon pere en mon voyage à Rome.
ARISTE.
Fort bien.
CHRISALE.
C'étoit, mon frere, un fort bon Gentilhomme,
ARISTE.
On le dit.
CHRISALE.
Nous n'avions alors que vingt-huit ans.
Et nous étions, ma foi, tous deux de verd-galans.
ARISTE.
Je le crois.
CHRISALE.
Nous donnions chez les Dames Romaines,
Et tout le monde, là, parloit de nos fredaines ;
Nous faiſions des jaloux.
ARISTE.
Voilà qui va des mieux ;
Mais venons au ſujet qui m'amene en ces lieux.

SCENE III.

BELISE *entrant doucement, & écoutant,*
CHRISALE, ARISTE.

ARISTE.

Clitandre auprès de vous me fait son Interprete,
Et son cœur est épris des graces d'Henriette.
CHRISALE.
Quoi ? De ma fille ?
ARISTE.
Oui, Clitandre en est charmé ;
Et je ne vis jamais amant plus enflammé.
BELISE *à Ariste.*
Non, non, je vous entends. Vous ignorez l'histoire,
Et l'affaire n'est pas ce que vous pouvez croire.
ARISTE.
Comment ma sœur ?
BELISE.
Clitandre abuse vos esprits,
Et c'est d'un autre objet que son cœur est épris.
ARISTE.
Vous raillez. Ce n'est pas Henriette qu'il aime ?
BELISE.
Non, j'en suis assurée.
ARISTE.
Il me l'a dit lui-même.
BELISE.
Hé, oui.
ARISTE.
Vous me voyez, ma sœur, chargé par lui
D'en faire la demande à son pere aujourd'hui ;
BELISE.
Fort bien.

ARISTE.
Et son amour même m'a fait instance
De presser les momens d'une telle alliance.
BELISE.
Encore mieux. On ne peut tromper plus galamment.
Henriette, entre nous, est un amusement,
Un voile ingénieux, un prétexte, mon frere,
A couvrir d'autres feux dont je sçais le mystere ;
Et je veux bien, tous deux, vous mettre hors d'erreur.
ARISTE.
Mais, puisque vous sçavez tant de choses, ma sœur,
Dites-nous, s'il vous plaît, cet autre objet qu'il aime ?
BELISE.
Vous le voulez sçavoir ?
ARISTE.
Oui. Quoi ?
BELISE.
Moi.
ARISTE.
Vous ?
BELISE.
Moi-même.
ARISTE.
Hai, ma sœur !
BELISE.
Qu'est-ce donc que veut dire ce, hai ?
Et qu'a de surprenant le discours que je sçai ?
On est faite d'un air, je pense, à pouvoir dire
Qu'on n'a pas pour un cœur soumis à son empire.
Et Dorante, Damis, Cléonte, & Licidas,
Peuvent bien faire voir qu'on a quelques appas.
ARISTE.
Ces gens vous aiment !
BELISE.
Oui, de toute leur puissance.

ARISTE.
Ils vous l'ont dit ?
BELISE.
Aucun n'a pris cette licence,
Ils m'ont sçu révérer si fort jusqu'à ce jour,
Qu'ils ne m'ont jamais dit un mot de leur amour.
Mais, pour m'offrir leur cœur, & vouer leur service,
Les muets truchemens ont tout fait leur office.
ARISTE.
On ne voit presque point céans venir Damis.
BELISE.
C'est pour me faire voir un respect plus soumis.
ARISTE.
De mots piquans, par-tout, Dorante vous outrage.
BELISE.
Ce sont emportemens d'une jalouse rage.
ARISTE.
Cléonte & Licidas ont pris femme tous deux.
BELISE.
C'est par un désespoir où j'ai réduit leurs feux.
ARISTE.
Ma foi, ma chere sœur, vision toute éclaire.
CHRISALDE à Belise.
De ces chimeres-là vous devez vous défaire.
BELISE.
Ah, chimeres ! Ce sont des chimeres, dit-on.
Chimeres, moi ! Vraiment, chimeres est fort bon !
Je me réjouis fort de chimeres, mes freres ;
Et je ne sçavois pas que j'eusse des chimeres.

COMEDIE.

SCENE IV.
CHRISALE, ARISTE.
CHRISALE.

Notre sœur est folle, oui.
ARISTE.
Cela croît tous les jours.
Mais, encore une fois, reprenons le discours.
Clitandre vous demande Henriette pour femme,
Voyez quelle réponse on doit faire à sa flamme.
CHRISALE.
Faut-il le demander ? J'y consens de bon cœur,
Et tiens son alliance à singulier honneur.
ARISTE.
Vous sçavez que de bien il n'a pas l'abondance,
Que...
CHRISALE.
C'est un intérêt qui n'est pas d'importance ;
Il est riche en vertu, cela vaut des trésors,
Et puis son pere & moi n'étions qu'un en deux corps.
ARISTE.
Parlons à votre femme ; & voyons à la rendre
Favorable...
CHRISALE.
Il suffit, je l'accepte pour gendre.
ARISTE.
Oui ; mais pour appuyer votre consentement,
Mon frere, il n'est pas mal d'avoir son agrément.
Allons...
CHRISALE.
Vous moquez-vous ? Il n'est pas nécessaire,
Je réponds de ma femme, & prends sur moi l'affaire.
ARISTE.
Mais...

Tome VII. L

CHRISALE.

Laissez faire, dis-je, & n'appréhendez pas,
Je la vais disposer aux choses de ce pas.

ARISTE.

Soit. Je vais là-dessus sonder votre Henriette ;
Et reviendrai sçavoir...

CHRISALE.

C'est une affaire faite ;
Et je vais à ma femme en parler sans délai.

SCENE V.

CHRISALE, MARTINE.

MARTINE.

Me voilà bien chanceuse ! Hélas ! L'on dit bien vrai
Qui veut noyer son chien, l'accuse de la rage ;
Et service d'autrui n'est pas un héritage.

CHRISALE.

Qu'est-ce donc ? Qu'avez-vous, Martine ?

MARTINE.

Ce que j'ai ?

CHRISALE.

Oui.

MARTINE.

J'ai que l'on me donne aujourd'hui mon congé,
Monsieur.

CHRISALE.

Votre congé ?

MARTINE.

Oui. Madame me chasse.

CHRISALE.

Je n'entends pas cela. Comment ?

COMEDIE.
MARTINE.
On me menace,
Si je ne sors d'ici, de me bailler cent coups.
CHRISALE.
Non, vous demeurerez, je suis content de vous.
Ma femme bien souvent a la tête un peu chaude;
Et je ne veux pas moi...

SCENE VI.

PHILAMINTE, BELISE, CHRISALE, MARTINE.

PHILANINTE *appercevant Martine.*
Quoi, je vous vois, maraude ?
Vite, sortez, friponne, allons, quittez ces lieux ;
Et ne vous presentez jamais devant mes yeux.
CHRISALE.
Tout doux.
PHILAMINTE.
Non, c'en est fait.
CHRISALE.
Hé !
PHILAMINTE.
Je veux qu'elle sorte.
CHRISALE
Mais qu'a-t-elle commis, pour vouloir de la sorte...
PHILAMINTE.
Quoi ! Vous la soutenez ?
CHRISALE.
En aucune façon.
PHILAMINTE.
Prenez-vous son parti contre moi ?

CHRISALE.

Mon Dieu ! Non.
Je ne fais seulement que demander son crime.

PHILAMINTE.
Suis-je pour la chasser sans cause légitime ?

CHRISALE.
Je ne dis pas cela ; mais il faut, de nos gens...

PHILAMINTE.
Non, elle sortira, vous dis-je, de céans.

CHRISALE.
Hé bien, oui. Vous dit-on quelque chose là contre ?

PHILAMINTE.
Je ne veux point d'obstacle aux desirs que je montre.

CHRISALE.
D'accord.

PHILAMINTE.
Et vous devez, en raisonnable époux,
Etre pour moi contre elle, & prendre mon courroux.

CHRISALE.
(se tournant vers Martine.)
Aussi fais-je. Oui, ma femme avec raison vous chasse,
Coquine, & votre crime est indigne de grace.

MARTINE.
Qu'est-ce donc que j'ai fait ?

CHRISALE *bas.*

Ma foi, je ne sçais pas.

PHILAMINTE.
Elle est d'humeur encore à n'en faire aucun cas.

CHRISALE.
A-t-elle, pour donner matiere à votre haine,
Cassé quelque miroir, ou quelque porcelaine ?

PHILAMINTE.
Voudrois-je la chasser, & vous figurez-vous
Que, pour si peu de chose, on se mette en courroux?

CHRISALE.
(à Martine.)   (à Philaminte.)
Qu'est-ce à dire ? L'affaire est donc considérable ?

COMEDIE.

PHILAMINTE.
Sans doute. Me voit-on femme déraisonnable ?

CHRISALE.
Est-ce qu'elle a laissé d'un esprit négligent,
Dérober quelque aiguiere, ou quelque plat d'argent ?

PHILAMINTE.
Cela ne seroit rien.

CHRISALE *à Martine.*
      Oh, oh ! Peste, la belle !
(*à Philaminte.*)
Quoi l'avez-vous surprise à n'être pas fidele ?

PHILAMINTE.
C'est pis que tout cela.

CHRISALE.
    Pis que tout cela ?

PHILAMINTE.
          Pis.

CHRISALE.
(*à Martine.*) (*à Philaminte.*)
Comment diantre, friponne ! Hé, a-t-elle commis...

PHILAMINTE.
Elle a, d'une insolence a nulle autre pareille,
Après trente leçons, insulté mon oreille,
Par l'impropriété d'un mot sauvage & bas
Qu'en termes décisifs condamne Vaugelas.

CHRISALE.
Est-ce-là...

PHILAMINTE.
 Quoi ! Toujours, malgré nos remontrances,
Heurter le fondement de toutes les sciences,
La Grammaire, qui sçait régenter jusqu'aux Rois,
Et les fait, la main haute, obéir à ses loix ?

CHRISALE.
Du plus grand des forfaits je la croyois coupable.

PHILAMINTE.
Quoi, vous ne trouvez pas ce crime impardonnable ?

L 3

CHRISALE.
Si fait.

PHILAMINTE.
Je voudrois bien que vous excusassiez.

CHRISALE.
Je n'ai garde.

BELISE.
Il est vrai que ce sont des pitiés.
Toute construction est par elle détruite ;
Et des loix du langage on l'a cent fois instruite.

MARTINE.
Tout ce que vous prêchez est je crois bel & bon ;
Mais je ne sçaurois, moi, parler votre jargon.

PHILAMINTE.
L'impudente ! Appeller un jargon le langage
Fondé sur la raison & sur le bel usage !

MARTINE.
Quand on se fait entendre, on parle toujours bien ;
Et tous vos biaux dictons ne servent pas de rien.

PHILAMINTE.
Hé bien, ne voilà pas encore de son style ?
Ne servent pas de rien.

BELISE.
O cervelle indocile !
Faut-il qu'avec les soins qu'on prend incessamment,
On ne te puisse apprendre à parler congruement ?
De *pas*, mis avec *rien*, tu fais la récidive,
Et c'est, comme on t'a dit, trop d'une négative.

MARTINE.
Mon Dieu ! Je n'avons pas étugué comme vous,
Et je parlons tout droit comme on parle cheux nous.

PHILAMINTE.
Ah ! peut-on y tenir.

BELISE.
Quel solécisme horrible !

PHILAMINTE.
En voilà pour tuer une oreille sensible.

COMEDIE.
BELISE.
Ton esprit, je l'avoue, est bien matériel.
Je, n'est qu'un singulier, *avons*, est un pluriel.
Veux-tu toute ta vie offenser la grammaire ?
MARTINE.
Qui parle d'offenser grand'mere, ni grand pere ?
PHILAMINTE.
O Ciel !
BELISE.
    Grammaire est prise à contre-sens par toi ;
Et je t'ai dit déjà d'où vient ce mot.
MARTINE.
              Ma foi,
Qu'il vienne de Chaillot, d'Auteuil, ou de Pontoise,
Cela ne me fait rien.
BELISE.
           Quelle ame villageoise !
La Grammaire, du verbe & du nominatif,
Comme de l'adjectif avec le substantif,
Nous enseigne les loix.
MARTINE.
           J'ai, Madame, à vous dire,
Que je ne connois point ces gens-là.
PHILAMINTE.
              Quel martyre.
BELISE.
Ce sont les noms des mots, & l'on doit regarder
En quoi c'est qu'il les faut faire ensemble accorder.
MARTINE.
Qu'ils s'accordent entr'eux, ou se gourment,
  qu'importe ?
PHILAMINTE *à Bélise.*
Hé, mon Dieu, finissez un discours de la sorte.
      (*à Chrisale.*)
Vous ne voulez pas, vous, me la faire sortir ?
CHRISALE
     (*à part.*)
Si fait. A son caprice il me faut consentir.

Va, ne l'irrite point ; retire-toi, Martine.

PHILAMAINTE.

Comment ! Vous avez peur d'offenser la coquine ?
Vous lui parlez d'un ton tout-à-fait obligeant ?

CHRISALE.

(*d'un ton ferme.*   *d'un ton plus doux.*)
Moi ? Point. Allons fortez. Va-t-en, ma pauvre enfant.

SCENE VII.

PHILAMINTE, CHRISALE, BELISE.

CHRISALE.

Vous êtes satisfaite, & la voilà partie ;
Mais je n'approuve point une telle fortie ;
C'eft une fille propre aux chofes qu'elle fait,
Et vous me la chaffez pour un maigre fujet.

PHILAMINTE.

Vous voulez que toujours je l'aie à mon fervice,
Pour mettre inceffamment mon oreille au fupplice ;
Pour rompre toute loi d'ufage, & de raifon,
Par un barbare amas de vices d'oraifon,
De mots eftropiés, coufus par intervalles ;
De proverbes traînés dans les ruiffeaux des ha'les ?

BELISE.

Il eft vrai que l'on fue à fouffrir fes difcours,
Elle y met Vaugelas en piece tous les jours ;
Et les moindres défauts de ce groffier génie,
Sont ou le pléonafme, ou la cacophonie.

CHRISALE.

Qu'importe qu'elle manque aux loix de Vaugelas,
Pourvu qu'à la cuifine elle ne manque pas ?

COMEDIE. 249

J'aime bien mieux, pour moi, qu'en épluchant ses herbes,
Elle accommode mal les noms avec les verbes,
Et redise cent fois un bas & méchant mot,
Que de brûler ma viande, ou saler trop mon pot.
Je vis de bonne soupe, & non de beau langage.
Vaugelas n'apprend point à bien faire un potage;
Et Malherbe & Balzac, si sçavans en beaux mots,
En cuisine, peut-être, auroient été des sots.

PHILAMINTE.

Que ce discours grossier terriblement assomme?
Et quelle indignité pour ce qui s'appelle homme,
D'être baissé sans cesse aux soins matériels,
Au lieu de se hausser vers les spirituels!
Le corps, cette guenille, est-il d'une importance,
D'un prix à mériter seulement qu'on y pense?
Et ne devons-nous pas laisser cela bien loin?

CHRISALE.

Oui, mon corps est moi-même, & j'en veux prendre soin;
Guenille, si l'on veut, ma guenille m'est chere.

BELISE.

Le corps avec l'esprit, fait figure, mon frere;
Mais, si vous en croyez tout le monde sçavant,
L'esprit doit, sur le corps, prendre le pas devant;
Et notre plus grand soin, notre premiere instance,
Doit être à le nourrir du suc de la science.

CHRISALE.

Ma foi, si vous songez à nourrir votre esprit,
C'est de viande bien creuse, à ce que chacun dit;
Et vous n'avez nul soin, nulle sollicitude,
Pour......

PHILAMINTE.

Ah! *Sollicitude*, à mon oreille est rude,
Il put étrangement son ancienneté.

BELISE.

Il est vrai que le mot est bien collet-monté.

L 5

CHRISALE.

Voulez-vous que je dife ? Il faut qu'enfin j'éclate,
Que je leve le mafque, & décharge ma rate.
De folles on vous traite, & j'ai fort fur le cœur......

PHILAMINTE.

Comment donc ?

CHRISALE à *Bélife*.

C'eft à vous que je parle, ma fœur,
Le moindre folécifme en parlant vous irrite;
Mais vous en faites, vous, d'étranges en conduite.
Vos livres éternels ne me contentent pas;
Et, hors un gros Plutarque à mettre mes rabats,
Vous dévriez brûler tout ce meuble inutile,
Et laiffer la fcience aux docteurs de la ville ;
M'ôter, pour faire bien, du grenier de céans
Cette longue lunette à faire peur aux gens,
Et cent brimborions dont l'afpect importune ;
Ne point aller chercher ce qu'on fait dans la Lune,
Et vous méler un peu de ce qu'on fait chez vous,
Où nous voyons aller tout fens-deffus-deffous.
Il n'eft bas bien honnête, & pour beaucoup de caufes,
Qu'une femme étudie & fcache tant de chofes.
Former aux bonnes mœurs l'efprit de fes enfans,
Faire aller fon ménage, avoir l'œil fur fes gens,
Et regler la dépenfe avec économie,
Doit être fon étude & fa philofophie.
Nos peres fur ce point étoient gens bien fenfés,
Qui difoient qu'une femme en fçait toujours affez,
Quand la capacité de fon efprit fe hauffe
A connoître un pourpoint d'avec un haut-de-
 chauffe.
Les leurs ne lifoient point, mais elles vivoient bien,
Leurs ménages étoient tout leur docte entretien ;
Et leurs livres, un dé, du fil, & des aiguilles,
Dont elles travailloient au trouffeau de leurs filles.
Les femmes d'à-préfent font bien de ces mœurs,
Elles veulent écrire, & devenir Auteurs :
Nulle fcience n'eft pour elles trop profonde,

COMEDIE. 251

Et céans, beaucoup plus qu'en aucun lieu du monde,
Les secrets les plus hauts s'y laissent concevoir;
Et l'on sçait tout chez moi, hors ce qu'il faut sçavoir.
On y sçait comme vont Lune, Etoile polaire,
Vénus, Saturne & Mars, dont je n'ai point affaire,
Et dans ce vain sçavoir qu'on va chercher si loin,
On ne sçait comme va mon pot dont j'ai besoin.
Mes gens à la science aspirent pour vous plaire,
Et tous ne font rien moins que ce qu'ils ont à faire.
Raisonner est l'emploi de toute ma maison;
Et le raisonnement en bannit la raison.
L'un me brûle mon rôt en lisant quelque histoire,
L'autre rêve à des vers quand je demande à boire;
Enfin je vois par eux votre exemple suivi,
Et j'ai des serviteurs, & ne suis point servi.
Une pauvre servante au moins m'étoit restée,
Qui de ce mauvais air n'étoit point infectée;
Et voilà qu'on la chasse avec un grand fracas,
A cause qu'elle manque à parler Vaugelas.
Je vous le dis, ma sœur, tout ce train-là me blesse,
Car c'est, comme j'ai dit, à vous que je m'adresse.
Je n'aime point céans tous vos gens à Latin,
Et principalement ce Monsieur Trissotin;
C'est lui qui dans des vers vous a timpanisées,
Tous les propos qu'il tient sont des billevesées,
On cherche ce qu'il dit après qu'il a parlé;
Et je lui crois, pour moi, le timbre un peu fêlé.

PHILAMINTE.
Quelle bassesse, ô Ciel, & d'ame & de langage!

BELISE.
Est-il de petits corps un plus lourd assemblage,
Un esprit composé d'atomes plus bourgeois?
Et de ce même sang se peut-il que je sois?
Je me veux mal de mort d'être de votre race;
Et, de confusion, j'abandonne la place.

L 6

SCENE VIII.
PHILAMINTE, CHRISALE.
PHILAMINTE.

Avez-vous à lâcher encore quelque trait ;
CHRISALE.
Moi ! Non. Ne parlons plus de querelle, c'est fait.
Discourons d'autre affaire. A votre fille aînée
On voit quelque dégoût pour les nœuds d'hyménée,
C'est une philosophe enfin, je n'en dis rien,
Elle est bien gouvernée, & vous faites fort bien ;
Mais de toute autre humeur se trouve sa cadette ;
Et je crois qu'il est bon de pourvoir Henriette,
De choisir un mari......
PHILAMINTE.
C'est à quoi j'ai songé ;
Et je veux vous ouvrir l'intention que j'ai.
Ce Monsieur Trissotin, dont on nous fait un crime,
Et qui n'as pas l'honneur d'être dans votre estime,
Est celui que je prends pour l'époux qu'il lui faut ;
Et je sçais mieux que vous juger de ce qu'il vaut.
La contestation est ici superflue ;
Et de tout point chez moi l'affaire est résolue.
Au moins, ne dit mot du choix de cet époux ;
Je veux à votre fille en parler avant vous.
J'ai des raisons à faire approuver ma conduite ;
Et je connoîtrai bien si vous l'avez instruite.

SCENE IX.

ARISTE, CHRISALE.

ARISTE.

Hé bien, la femme sort, mon frere, & je vois bien.
Que vous venez d'avoir ensemble un entretien.

CHRISALE.
Oui.

ARISTE.
Quel est le succès ? Aurons-nous Henriette ?
A-t-elle consenti ? l'affaire est-elle faite ?

CHRISALE.
Pas tout-à-fait encor.

ARISTE.
Refuse-t-elle ?

CHRISALE.
Non.

ARISTE.
Est-ce qu'elle balance ?

CHRISALE.
En aucune façon ?

ARISTE.
Quoi donc ?

CHRISALE.
C'est que pour gendre elle m'offre un autre homme.

ARISTE.
Un autre homme pour gendre !

CHRISALE.
Un autre.

ARISTE.
Qui se nomme ?

CHRISALE.
Monsieur Trissotin.
ARISTE.
Quoi ! ce Monsieur Trissotin...
CHRISALE.
Oui, qui parle toujours de vers & de latin.
ARISTE.
Vous l'avez accepté ?
CHRISALE.
Moi ! Point. A Dieu ne plaise.
ARISTE.
Qu'avez-vous répondu ?
CHRISALE.
Rien ; & je suis bien aise
De n'avoir point parlé, pour ne m'engager pas.
ARISTE.
La raison est fort belle, & c'est faire un grand pas.
Avez-vous sçu du moins lui proposer Clitandre ?
CHRISALE.
Non, car comme j'ai vu qu'on parloit d'autre gendre,
J'ai cru qu'il étoit mieux de ne m'avancer point.
ARISTE.
Certes, votre prudence est rare au dernier point.
N'avez-vous point de honte avec votre mollesse ?
Et se peut-il qu'un homme ait assez de foiblesse
Pour laisser à sa femme un pouvoir absolu,
Et n'oser attaquer ce qu'elle a résolu ?
CHRISALE.
Mon Dieu, vous en parlez, mon frere, bien à l'aise;
Et vous ne sçavez pas comme le bruit me pese.
J'aime fort le repos, la paix & la douceur,
Et ma femme est terrible avecque son humeur.
Du nom de Philosophe, elle fait grand mystere,
Mais elle n'en est pas pour cela moins colere ;
Et sa morale, faite à mépriser le bien,
Sur l'aigreur de sa bile opere comme rien.
Pour peu que l'on s'oppose à ce que veut sa tête,

On en a pour huit jours d'effroyable tempête,
Elle me fait trembler dès qu'elle prend son ton,
Je ne sçais où me mettre, & c'est un vrai dragon;
Et cependant avec toute sa diablerie,
Il faut que je l'appelle & mon cœur & ma mie.

ARISTE.

Allez, c'est se moquer. Votre femme, entre nous,
Est, par vos lâchetés, souveraines sur vous.
Son pouvoir n'est fondé que sur votre foiblesse,
C'est de vous qu'elle prend le titre de maîtresse;
Vous-même à ses hauteurs vous vous abandonnez,
Et vous faites mener en bête par le nez.
Quoi? Vous ne pouvez pas, voyant comme on vous nomme,
Vous résoudre une fois à vouloir être un homme,
A faire condescendre une femme à vos vœux;
Et prendre assez de cœur pour dire un, je le vœux?
Vous laisserez, sans honte, immoler votre fille
Aux folles visions qui tiennent la famille;
Et de tout votre bien revêtir un nigaud,
Pour six mots de latin qu'il leur fait sonner haut,
Un pédant, qu'à tout coup votre femme apostrophe
Du nom de bel esprit & de grand Philosophe,
D'homme qu'en vers galans jamais on n'égala,
Et qui n'est, comme on sçait, rien moins que tout cela?
Allez, encore un coup, c'est une moquerie,
Et votre lâcheté mérite qu'on en rie.

CHRISALE.

Oui, vous avez raison, & je vois que j'ai tort.
Allons, il faut montrer un cœur plus fort,
Mon frere.

ARISTE.

C'est bien dit.

CHRISALE.

C'est une chose infame.
Que d'être si soumis au pouvoir d'une femme.

ARISTE.
Fort bien.

CHRISALE.
De ma douceur elle a trop profité.

ARISTE.
Il est vrai.

CHRISALE.
Trop joui de ma facilité.

ARISTE.
Sans doute.

CHRISALE.
Et je lui veux faire aujourd'hui connoître
Que ma fille est ma fille, & que j'en suis le maître,
Pour lui prendre un mari qui soit selon mes vœux.

ARISTE.
Vous voilà raisonnable, & comme je vous veux.

CHRISALE.
Vous êtes pour Clitandre, & sçavez sa demeure;
Faites-le moi venir, mon frere, tout-à-l'heure.

ARISTE.
J'y cours tout de ce pas.

CHRISALE.
C'est souffrir trop long-tems;
Et je m'en vais être homme à la barbe des gens.

Fin du second Acte.

ACTE III.

SCENE PREMIERE.

PHILAMINTE, ARMANDE, BELISE, TRISSOTIN, L'EPINE.

PHILAMINTE.

AH, mettons-nous ici pour écouter à l'aise
Ces vers que mot à mot il est besoin qu'on pese.
ARMANDE.
Je brûle de les voir.
BELISE.
            Et l'on s'en meurt chez nous.
PHILAMINTE à *Trissotin*.
Ce sont charmes pour moi que ce qui part de vous.
ARMANDE.
Ce m'est une douceur à nulle autre pareille.
BELISE.
Ce sont repas friands qu'on donne à mon oreille.
PHILAMINTE.
Ne faites point languir de si pressans desirs.
ARMANDE.
Dépêchez.
BELISE.
    Faites tôt, & hâtez nos plaisirs.
PHILAMINTE.
A notre impatience offrez votre épigramme.
TRISSOTIN à *Philaminte*.
Hélas, c'est un enfant tout nouveau né, Madame,
Son sort assurément a lieu de vous toucher;
Et c'est dans votre cour que j'en viens d'accoucher.

PHILAMINTE.
Pour me le rendre cher, il suffit de son pére.
TRISSOTIN.
Votre approbation lui peut servir de mere.
BELISE.
Qu'il a d'esprit !

SCENE II.

HENRIETTE, PHILAMINTE, BELISE, ARMANDE, TRISSOTIN, L'EPINE.

PHILAMINTE *à Henriette qui veut se retirer.*

Holà. Pourquoi donc fuyez-vous ?
HENRIETTE.
C'est de peur de troubler un entretien si doux.
PHILAMINTE.
Approchez, & venez, de toutes vos oreilles,
Prendre part au plaisir d'entendre des merveilles.
HENRIETTE.
Je sçais peu les beautés de tout ce qu'on écrit,
Et ce n'est pas mon fait que les choses d'esprit.
PHILAMINTE.
Il n'importe. Aussi-bien ai-je à vous dire ensuite
Un secret dont il faut que vous soyez instruite.
TRISSOTIN *à Henriette.*
Les sciences n'ont rien qui vous puisse enflammer,
Et vous ne vous piquez que de sçavoir charmer.
HENRIETTE.
Aussi peu l'un que l'autre ; & je n'ai nulle envie....
BELISE.
Ah, songeons à l'enfant nouveau né, je vous prie.
PHILAMINTE *à l'Epine.*
Allons, petit garçon, vîte, de quoi s'asseoir.

COMEDIE.

(*L'Epine se laisse tomber.*)

Voyez l'impertinent! est-ce que l'on doit cheoir
Après avoir bien pris l'équilibre des choses.

BELISE.

De ta chûte, ignorant, ne vois-tu pas les causes?
Et qu'elle vient d'avoir, du point fixe, écarté
Ce que nous appellons centre de gravité?

L'EPINE.

Je m'en suis apperçu, Madame, étant par terre.

PHILAMINTE *à l'Epine qui sort.*

Le lourdaud!

TRISSOTIN.

    Bien lui prend de n'être pas de verre.

ARMANDE.

Ah, de l'esprit par-tout!

BELISE.

    Cela ne tarit pas.

(*Ils s'asseient.*)

PHILAMINTE.

Servez-nous promptement votre aimable repas.

TRISSOTIN.

Pour cette grande faim qu'à mes yeux on expose,
Un plat seul de huit vers me semble peu de chose,
Et je pense qu'ici je ne ferai pas mal
De joindre à l'épigramme, ou bien au madrigal?
Le ragoût d'un sonnet qui, chez une Princesse
A passé pour avoir quelque délicatesse.
Il est de sel Attique assaisonné par-tout;
Et vous le trouverez, je crois, d'assez bon goût.

ARMANDE.

Ah, je n'en doute point!

PHILAMINTE.

    Donnons vîte audience.

BELISE *interrompant Trissotin chaque fois qu'il se dispose à lire.*

Je sens d'aise mon cœur tressaillir par avance,
J'aime la Poésie avec entêtement,
Et sur-tout quand les vers sont tournés galamment.

260 LES FEMMES SÇAVANTES,

PHILAMINTE.
Si nous parlons toujours, il ne pourra rien dire.

TRISSOTIN.
SO......

BELISE à Henriette.
Silence, ma niece.

ARMANDE.
Ah, laiſſez-le donc lire.

TRISSOTIN.

SONNET A LA PRINCESSE URANIE SUR SA FIEVRE.

Votre prudence eſt endormie
De traiter magnifiquement,
Et de loger ſuperbement
Votre plus cruelle ennemie.

BELISE.
Ah, le jolie début !

ARMANDE.
Qu'il a le tour galant !

PHILAMINTE.
Lui ſeul, des vers aiſés, poſſede le talent.

ARMANDE.
A *prudence endormie*, il faut rendre les armes.

BELISE.
Loger ſon ennemie, eſt pour moi plein de charmes.

PHILAMINTE.
J'aime *ſuperbement & magnifiquement* ;
Ces deux adverbes joints fonts admirablement.

BELISE.
Prêtons l'oreille au reſte.

TRISSOTIN.
Votre prudence eſt endormie
De traiter magnifiquement,
Et de loger ſuperbement
Votre plus cruelle ennemie.

ARMANDE.
Prudence endormie !

COMEDIE.

BELISE.
Loger son ennemie !
PHILAMINTE.
Superbement & magnifiquement !
TRISSOTIN.
Faites-la sortir, quoi qu'on die.
De votre riche appartement,
Où cette ingrate insolemment
Attaque votre belle vie.
BELISE.
Ah, tout doux ! Laissez-moi de grace respirer.
ARMANDE.
Donnez-nous, s'il vous plaît, le loisir d'admirer.
PHILAMINTE.
On se sent, à ces vers, jusques au fond de l'ame,
Couler je ne sçais quoi qui fait que l'on se pâme.
ARMANDE.
Faites-la sortir, quoi qu'on die,
De votre riche appartement..
Que *riche appartement* est-là joliment dit ;
Et que la métaphore est mise avec esprit !
PHILAMINTE.
Faites-la sortir quoi qu'on die,
Ah, que ce *quoi qu'on die*, est d'un goût admirable !
C'est, à mon sentiment, un endroit impayable.
ARMANDE.
De *quoi qu'on die* aussi mon cœur est amoureux.
BELISE.
Je suis de votre avis, *quoi qu'on die* est heureux.
ARMANDE.
Je voudrois l'avoir fait.
BELISE.
     Il vaut toute une piece.
PHILAMINTE.
Mais en comprend-on bien, comme moi, la finesse ?
ARMANDE & BELISE.
Oh, oh !

PHILAMINTE.
Faites-la sortir quoi qu'on die.
Que de la fievre on prenne ici les intérêts,
N'ayez aucun égard, moquez-vous des caquets.
Faites-la sortir, quoi qu'on die,
Quoi qu'on die, quoi qu'on die.
Ce *qui qu'on die* en dit beaucoup plus qu'il ne
 semble.
Je ne sçais pas, pour moi, si chacun me ressemble;
Mais j'entends là-dessous un million de mots.
BELISE.
Il est vrai qu'il dit plus de choses qu'il n'est gros.
PHILAMINTE *à Trissotin.*
Mais, quand vous avez fait ce charmant *quoi qu'on*
 die,
Avez-vous compris, vous, toute son énergie ?
Songiez-vous bien vous-même à tout ce qu'il nous
 dit ;
Et pensiez-vous, alors, y mettre tant d'esprit ?
TRISSOTIN.
Hai, hai.
ARMANDE.
J'ai fort-aussi l'ingrate dans ma tête,
Cette ingrate de fievre, injuste, malhonnête,
Qui traite mal les gens qui la logent chez eux.
PHILAMINTE.
Enfin, les quatrains sont admirables tous deux.
Venons-en promptement aux tiercets, je vous prie.
ARMANDE.
Ah, s'il vous plaît, encore, une fois *quoi qu'on die.*
TRISSOTIN.
Faites-la sortie quoi qu'on die.
PHILAMINTE, ARMANDE & BELISE.
Quoi qu'on die.
TRISSOTIN.
De votre riche appartement.
PHILAMINTE, ARMANDE & BELISE.
Riche appartement.

COMEDIE.

TRISSOTIN.
Où cette ingrate insolemment.
PHILAMINTE, ARMANDE & BELISE.
Cette *ingrate* de fievre.
TRISSOTIN.
Attaque votre belle vie.
PHILAMINTE.
Votre belle vie !
ARMANDE & BELISE.
Ah !
TRISSOTIN.
Quoi, sans respecter votre rang,
Elle se prend à votre sang !
PHILAMINTE, ARMANDE & BELISE.
Ah !
TRISSOTIN.
Et nuit & jour vous fait outrage ?

Si vous la conduisez aux bains,
Sans la marchander davantage,
Noyez-la de vos propres mains.
PHILAMINTE.
On n'en peut plus.
BELISE.
On pâme.
ARMANDE.
On se meurt de plaisir.
PHILAMINTE.
De mille doux frissons vous vous sentez saisir.
ARMANDE.
Si vous la conduisez aux bains,
BELISE.
Sans la marchander davantage,
PHILAMINTE.
Noyez-la de vos propres mains.
De vos propres mains, là, noyez-la dans les bains.
ARMANDE
Chaque pas dans vos vers rencontre un trait charmant.

BELISE.
Par-tout on s'y promene avec ravissement.
PHILAMINTE.
On n'y sçauroit marcher que sur de belles choses.
ARMANDE.
Ce sont petits chemins tout parfumé de roses.
TRISSOTIN.
Le Sonnet donc vous semble....
PHILAMINTE.
      Admirable, nouveau,
Et personne jamais n'a rien fait de si beau.
BELISE à *Henriette*.
Quoi, sans émotion pendant cette lecture !
Vous faites-là, ma niece, une étrange figure.
HENRIETTE.
Chacun fait ici-bas la figure qu'il peut,
Ma tante, & bel esprit, il ne l'est pas qui veut.
TRISSOTIN.
Peut-être que mes vers importunent Madame.
HENRIETTE.
Point. Je n'écoute pas.
PHILAMINTE.
    Ah, voyons l'épigramme.
TRISSOTIN.
SUR UN CARROSSE DE COULEUR AMARANTE,
donné à une Dame de ses amies.
PHILAMINTE.
Ses titres ont toujours quelque chose de rare.
ARMANDE.
A cent beaux traits d'esprit leur nouveauté prépare.
TRISSOTIN.
L'Amour si chérement m'a vendu son lien,
PHILAMINTE, ARMANDE & BELISE.
Ah !
TRISSOTIN.
Qu'il m'en coûte déjà la moitié de mon bien,
 Et, quand tu vois ce beau carrosse,
 Où tant d'or se releve en bosse

COMEDIE.

Qu'il étonne tout le pays,
Et fait pompeusement triompher ma Lays,
PHILAMINTE.
Ah, *ma Lays!* Voilà de l'érudition.
BELISE.
L'envelope est jolie, & vaut un million.
TRISSOTIN.
Et, quand tu vois ce beau carrosse,
Où tant d'or se releve en bosse
Qu'il étonne tout le pays,
Et fait pompeusement triompher ma Lays,
Ne di plus qu'il est amarante,
Di plutôt qu'il est de ma rente.
ARMANDE.
Oh, oh, oh! Celui-là ne s'attend point du tout.
PHILAMINTE.
On n'a que lui qui puisse écrire de ce goût.
BELISE.
Ne di plus qu'il est amarante.
Di plutôt qu'il est de ma rente.
Voilà qui se décline, *ma rente, de ma rente, à ma rente.*
PHILAMINTE.
Je ne sçais, du moment que je vous ai connu,
Si, sur votre sujet, j'eus l'esprit prévenu ;
Mais j'admire par-tout vos vers & votre prose.
TRISSOTIN à *Philaminte.*
Si vous vouliez de vous nous montrer quelque chose,
A notre tour aussi nous pourrions admirer.
PHILAMINTE.
Je n'ai rien fait en vers ; mais j'ai lieu d'esperer
Que je pourrai bientôt vous montrer en amie,
Huit Chapitres du plan de notre Académie.
Platon s'est au projet simplement arrêté,
Quand de sa République il a fait le traité ;
Mais à l'effet entier je veux pousser l'idée
Que j'ai sur le papier en prose accommodée ;
Car enfin, je me sens un étrange dépit

Du tort que l'on nous fait du côte de l'esprit ;
Et je veux nous vanger toutes tant que nous sommes,
De cette indigne classe où nous rangent les hommes,
De borner nos talens à des futilités,
Et nous fermer la porte aux sublimes clartés.
ARMANDE.
C'est faire à notre sexe une trop grande offense,
De n'étendre l'effort de notre intelligence
Qu'à juger d'une juppe ou de l'air d'un manteau,
Ou des beautés d'un point, ou d'un brocard nouveau.
BELISE.
Il faut se relever de cet honteux partage,
Et mettre hautement notre esprit hors de page.
TRISSOTIN.
Pour les Dames on sçait mon respect en tous lieux ;
Et, si je rends hommage aux brillans de leurs yeux,
De leur esprit aussi j'honore les lumieres.
PHILAMINTE.
Le sexe aussi vous rend justice en ces matieres ;
Mais nous voulons montrer à de certains esprits,
Dont l'orgueilleux sçavoir nous traite avec mépris,
Que de science aussi les femmes sont meublées ;
Qu'on peut faire comme eux, de doctes assemblées,
Conduites en cela par des ordres meilleurs ;
Qu'on y veut réunir ce qu'on sépare ailleurs,
Mêler le beau langage, & les hautes sciences,
Découvrir la nature en mille expériences :
Et, sur les questions qu'on pourra proposer,
Faire entrer chaque secte, & n'en point épouser.
TRISSOTIN.
Je m'attache pour l'ordre au Péripatétisme.
PHILAMINTE.
Pour les abstractions, j'aime le Platonisme.
ARMANDE.
Epicure me plaît, & ses dogmes sont forts.
BELISE.
Je m'accommode assez, pour moi, des petits corps,
Mais le vuide à souffrir me semble difficile,

COMEDIE.

Et je goûte bien mieux la matiere subtile.
TRISSOTIN.
Descartes, pour l'aimant, donne fort dans mon sens.
ARMANDE.
J'aime ses tourbillons.
PHILAMINTE.
     Moi, ses mondes tombans.
ARMANDE.
Il me tarde de voir notre assemblée ouverte,
Et de nous signaler par quelque découverte.
TRISSOTIN.
On en attend beaucoup de vos vives clartés,
Et pour vous la nature a peu d'obscurités.
PHILAMINTE.
Pour moi, sans me flatter, j'en ai déja fait une,
Et j'ai vu clairement des hommes dans la lune.
BELISE.
Je n'ai point encor vu d'hommes, comme je crois;
Mais j'ai vu des clochers tout comme je vous vois.
ARMANDE.
Nous approfondirons, ainsi que la physique,
Grammaire, histoire, vers, morale & politique.
PHILAMINTE.
La morale a des traits dont mon cœur est épris,
Et c'étoit autrefois l'amour des grands esprits ;
Mais aux Stoïciens je donne l'avantage,
Et je ne trouve rien de si beau que leur sage.
ARMANDE.
Pour la langue, on verra dans peu nos réglemens,
Et nous y prétendons faire des remuemens.
Par une antipathie ou juste, ou naturelle,
Nous avons pris chacune une haine mortelle
Pour un nombre de mots, soit ou verbes, ou noms,
Que mutuellement nous nous abandonnons ;
Contr'eux nous préparons de mortelles sentences,
Et nous devons ouvrir nos doctes conférences
Par les proscriptions de tous ces mots divers,
Dont nous voulons purger & la prose & les vers.

M 2

PHILAMINTE.
Mais le plus beau projet de cette Académie,
Une entreprise noble, & dont je suis ravie,
Un dessein plein de gloire, & qui sera vanté,
Chez tous les beaux esprits de la postérité,
C'est le retranchement de ces syllabes sales,
Qui, dans les plus beaux mots, produisent des scandales ;
Ces jouets éternels des sots de tous les tems :
Ces fades lieux communs de nos méchans plaisans ;
Ces sources d'un amas d'équivoques infames,
Dont on vient faire insulte à la pudeur des femmes.

TRISSOTIN.
Voilà certainement d'admirables projets.

BELISE.
Vous verrez nos Statuts quand ils seront tous faits.

TRISSOTIN.
Ils ne sçauroient manquer d'être tous beaux & sages.

ARMANDE.
Nous serons pas nos loix les juges des ouvrages ;
Par nos loix, prose & vers, tout nous sera soumis,
Nul n'aura de l'esprit, hors nous & nos amis.
Nous chercherons par-tout à trouver à redire,
Et ne verrons que nous qui sçachent bien écrire.

SCENE III.

PHILAMINTE, BELISE, ARMANDE, HENRIETTE, TRISSOTIN, L'EPINE.

L'EPINE à Trissotin.

Monsieur, un homme est là qui veut parler à vous ;
Il est vêtu de noir, & parle d'un ton doux.
(ils se levent.)

COMEDIE. 269
TRISSOTIN.
C'eſt cet ami ſçavant qui m'a fait tant d'inſtance
De lui donner l'honneur de votre connoiſſance.
PHILAMINTE.
Pour le faire venir, vous avez tout crédit.
(*Triſſotin va au-devant de Vadius.*)

SCENE IV.
PHILAMINTE, BELISE, ARMANDE, HENRIETTE.

PHILAMINTE *à Armande & à Béliſe.*

Faiſons bien les honneurs au moins de notre eſprit.
(*à Henriette qui veut ſortir.*)
Holà. Je vous ai dit, en paroles bien claires,
Que j'ai beſoin de vous.
HENRIETTE.
Mais pour quelles affaires !
PHILAMINTE.
Venez, on va dans peu vous les faire ſçavoir.

SCENE V.
TRISSOTIN, VADIUS, PHILAMINTE, BELISE, ARMANDE, HENRIETTE.

TRISSOTIN *preſentant Vadius.*

Voici l'homme qui meurt du deſir de vous voir ;
En vous le produiſant, je ne crains point le blâme

LES FEMMES SÇAVANTES,

D'avoir admis chez vous un profane, Madame.
Il peut tenir son coin parmi de beaux esprits.

PHILAMINTE.
La main qui le presente en dit assez le prix.

TRISSOTIN.
Il a des vieux Auteurs la pleine intelligence;
Et sçait du Grec, Madame, autant qu'homme de France.

PHILAMINTE à *Bélise*.
Du Grec! O Ciel! Du Grec! Il sçait du Grec, ma sœur!

BELISE à *Armande*.
Ah, ma niece du Grec!

ARMANDE.
   Du Grec, quelle douceur!

PHILAMINTE.
Quoi, Monsieur sçait du Grec! Ah, permettez, de grace,
Que, pour l'amour du Grec, Monsieur, on vous embrasse!

(*Vadius embrasse aussi Bélise & Armande*)

HENRIETTE à *Vadius qui veut aussi l'embrasser.*
Excusez-moi, Monsieur, je n'entends pas le Grec.

(*ils s'asseient.*)

PHILAMINTE.
J'ai pour les livres Grecs un merveilleux respect.

VADIUS.
Je crains d'être fâcheux, par l'ardeur qui m'engage
A vous rendre aujourd'hui, Madame, mon hommage;
Et j'aurai pu troubler quelque docte entretien.

PHILAMINTE.
Monsieur, avec du Grec, on ne peut gâter rien.

TRISSOTIN.
Au reste, il fait merveille en vers, ainsi qu'en prose;
Et pourroit, s'il vouloit, vous montrer quelque chose.

VADIUS.
Le défaut des Auteurs, dans leurs productions,
C'est d'en tyranniser les conversations;

COMEDIE.

D'être au Palais, au cours, aux ruelles, aux tables,
De leurs vers fatigans lecteurs infatigables.
Pour moi, je ne vois rien de plus fot à mon fens
Qu'un Auteur qui, par-tout, va gueufer des encens,
Qui, des premiers venus faififfant les oreilles,
En fait, le plus fouvent, les martyrs de fes veilles.
On ne m'a jamais vu ce fol entêtement;
Et, d'un Grec là-deffus, je fuis le fentiment,
Qui, par un dogme exprès, défend à tous fes fages
L'indigne empreffement de lire leurs ouvrages,
Voici de petits vers pour de jeunes Amans,
Sur quoi je voudrois bien avoir vos fentimens.

TRISSOTIN.
Vos vers ont des beautés que n'ont point tous les autres.

VADIUS.
Les Graces & Vénus régnent dans tous les vôtres.

TRISSOTIN.
Vous avez le tour libre, & le beau choix des mots.

VADIUS.
On voit par-tout chez vous *l'ithos* & le *pathos*.

TRISSOTIN.
Nous avons vu de vous des églogues, d'un ftyle
Qui paffe en doux attraits Théocrite & Virgile.

VADIUS.
Vos Odes ont un air noble, galant & doux,
Qui laiffe de bien loin votre Horace après vous.

TRISSOTIN.
Eft-il rien d'amoureux comme vos chanfonnettes!

VADIUS.
Peut-on rien voir d'égal aux fonnets que vous faites?

TRISSOTIN.
Rien qui foit plus charmans que vos petits rondeaux,

VADIUS.
Rien de fi plein d'efprit que tous vos madrigaux?

TRISSOTIN.
Aux ballades fur-tout vous êtes admirable.

M 4

VADIUS.
Et dans les bouts rimés je vous trouve adorable.
TRISSOTIN.
Si la France pouvoit connoître votre prix,
VADIUS.
Si le siecle rendoit justice aux beaux esprits ;
TRISSOTIN.
En carrosse doré vous iriez par les rues.
VADIUS.
On verroit le public vous dresser des statues.
(à Trissotin.)
Hom. C'est une ballade, & je veux que tout net
Vous m'en...
TRISSOTIN *à Vadius.*
Avez-vous vu certain petit sonnet
Sur la fievre qui tient la Princesse Uranie ;
VADIUS.
Oui. Hier il me fut lu dans une compagnie.
TRISSOTIN.
Vous en sçavez l'Auteur ?
VADIUS.
Non ; mais je sçais fort bien,
Qu'à ne le point flatter, son sonnet ne vaut rien.
TRISSOTIN.
Beaucoup de gens pourtant le trouvent admirable.
VADIUS.
Cela n'empêche pas qu'il ne soit misérable ;
Et, si vous l'avez vu, vous serez de mon goût.
TRISSOTIN.
Je sçais que là-dessus je n'en suis point du tout ;
Et que d'un tel sonnet peu de gens sont capables.
VADIUS.
Me préserve le Ciel d'en faire de semblables.
TRISSOTIN.
Je soutiens qu'on ne peut en faire de meilleur,
Et ma grande raison est que j'en suis l'Auteur.
VADIUS.
Vous ?

COMEDIE. 273
TRISSOTIN.
Moi.
VADIUS.
Je ne sçais donc comment se fit l'affaire.
TRISSOTIN.
C'est qu'on fut malheureux de ne pouvoir vous plaire.
VADIUS.
Il faut qu'en écoutant, j'aie eu l'esprit distrait ;
Ou bien que le Lecteur m'ait gâté le sonnet.
Mais laissons ce discours, & voyons ma ballade.
TRISSOTIN.
La ballade, à mon goût, est une chose fade ;
Ce n'en est plus la mode, elle sent son vieux tems.
VADIUS.
La ballade pourtant charme beaucoup de gens.
TRISSOTIN.
Cela n'empêche pas qu'elle ne me déplaise.
VADIUS.
Elle n'en reste pas pour cela plus mauvaise.
TRISSOTIN.
Elle a pour les pédans de merveilleux appas.
VADIUS.
Cependant nous voyons qu'elle ne vous plaît pas.
TRISSOTIN.
Vous donnez sottement vos qualités aux autres.
(*Ils se levent tous.*)
VADIUS.
Fort impertinemment vous me jettez les vôtres.
TRISSOTIN.
Allez, petit grimaud, barbouilleur de papier.
VADIUS.
Allez, rimeur de balle, opprobre du métier.
TRISSOTIN.
Allez, fripier d'écrits, impudent plagiaire,
VADIUS.
Allez, cuistre...

PHILAMINTE.

Hé, Messieurs, que prétendez-vous faire?

TRISSOTIN à *Vadius*.

Va, va restituer tous les honteux larcins
Que reclament sur toi les Grecs & les Latins.

VADIUS.

Va, va-t-en faire amende-honorable au Parnasse,
D'avoir fait à tes vers estropier Horace.

TRISSOTIN.

Souviens-toi de ton livre, & de son peu de bruit.

VADIUS.

Et toi, de ton libraire à l'hôpital réduit.

TRISSOTIN.

Ma gloire est établie, en vain tu la déchires.

VADIUS.

Oui, oui, je te renvoie à l'Auteur des satyres.

TRISSOTIN.

Je t'y renvoie aussi.

VADIUS.

    J'ai le contentement
Qu'on voit qu'il m'a traité plus honorablement.
Il me donne en passant une atteinte légere
Parmi plusieurs Auteurs qu'au Palais on révére;
Mais jamais dans ses vers il ne te laisse en paix;
Et l'on t'y voit par tout être en butte à ses traits.

TRISSOTIN.

C'est par-là que j'y tiens un rang plus honorable.
Il te met dans la foule ainsi qu'un misérable ;
Il croit que c'est assez d'un coup pour t'accabler,
Et ne t'a jamais fait l'honneur de redoubler.
Mais il m'attaque à part comme un noble adversaire
Sur qui tout son effort lui semble nécessaire,
Et ses coups, contre moi redoublés en tous lieux,
Montrent qu'il ne se croit jamais victorieux.

VADIUS.

Ma plume t'aprendra quel homme je puis être.

COMEDIE. 275
TRISSOTIN.
Et la mienne sçaura te faire voir ton maître.
VADIUS.
Je te défie en Vers, Prose, Grec & Latin.
TRISSOTIN.
Hé bien, nous nous verrons seul à seul chez Barbin.

SCENE VI.

TRISSOTIN, PHILAMINTE, ARMANDE, BELISE, HENRIETTE.

TRISSOTIN.

A Mon emportement ne donnez aucun blâme;
C'est votre jugement que je défends, Madame,
Dans le sommet qu'il a l'audace d'attaquer.
PHILAMINTE.
A vous remettre bien je me veux appliquer;
Mais parlons d'autre affaire. Approchez, Henriette.
Depuis assez long-tems mon ame s'inquiette
De ce qu'aucun esprit en vous ne se fait voir;
Mais je trouve un moyen de vous en faire avoir.
HENRIETTE.
C'est prendre un soin pour moi qui n'est pas nécessaire,
Les doctes entretiens ne sont point mon affaire;
J'aime à vivre aisément; &, dans tout ce qu'on dit,
Il faut se trop peiner pour avoir de l'esprit;
C'est une ambition que je n'ai point en tête.
Je me trouve fort bien, ma mere, d'être bête;
Et j'aime mieux n'avoir que de communs propos,
Que de me tourmenter pour dire de bons mots.
PHILAMINTE.
Qui; mais j'y suis blessée, & ce n'est pas mon compte.

M 6

De souffrir dans mon sang une pareille honte.
La beauté du visage est un fréle ornement;
Une fleur passagere, un éclat d'un moment,
Et qui n'est attaché qu'à la simple épiderme;
Mais celle de l'esprit est inhérente & ferme.
J'ai donc cherché long-tems un biais de vous donner
La beauté que les ans ne peuvent moissonner,
De faire entrer chez vous le desir des sciences,
De vous insinuer les belles connoissances,
Et la pensée enfin où mes vœux ont souscrit,
C'est d'attacher à vous un homme plein d'esprit;
 (*montrant Trissotin.*)
Et cet homme est Monsieur, que je vous détermine
A voir comme l'époux que mon choix vous destine.

HENRIETTE.

Moi, ma mere ?

PHILAMINTE.

    Oui, vous faites la sotte un peu.

BELISE *à Trissotin.*

Je vous entends. Vos yeux demandent mon aveu,
Pour engager ailleurs un cœur que je possede.
Allez, je le veux bien. A ce nœud je vous céde;
C'est un hymen qui fait votre établissement.

TRISSOTIN *à Henriette.*

Je ne sçais que vous dire en mon ravissement,
Madame; & cet hymen dont je vois qu'on m'honore,
Me met...

HENRIETTE.

Tout beau, Monsieur, il n'est pas fait encore ?
Ne vous pressez pas tant.

PHILAMINTE.

    Comme vous répondez ?
Sçavez-vous bien que si... Suffit. Vous m'entendez.
   (*à Trissotin.*)
Elle se rendra sage. Allons, laissons-la faire.

SCENE VII.
HENRIETTE, ARMANDE.
ARMANDE.
On voit briller pour vous les soins de notre mere,
Et son choix ne pouvoit d'un plus illustre époux....
HENRIETTE.
Si le choix est si beau, que ne le prenez-vous ?
ARMANDE.
C'est à vous, non à moi que sa main est donnée.
HENRIETTE.
Je vous le cede tout, comme à ma sœur aînée.
ARMANDE.
Si l'hymen, comme à vous me paroissoit charmant,
J'accepterois vôtre offre avec ravissement.
HENRIETTE.
Si j'avois comme vous, les pédans dans la tête,
Je pourrois le trouver un parti fort honnête.
ARMANDE.
Cependant, bien qu'ici nos goûts soient différens,
Nous devons obéir, ma sœur, à nos parens.
Une mere a sur nous une entiere puissance,
Et vous croyez en vain, par votre résistance.....

SCENE VIII.
CHRISALE, ARISTE, CLITANDRE, HENRIETTE, ARMANDE.

CHRISALE à Henriette, lui présentant Clitandre.

Allons, ma fille, il faut approuver mon dessein.
Otez ce gant. Touchez à Monsieur dans la main ;
Et le considérez désormais dans votre ame,
En homme dont je veux que vous soyez la femme.

ARMANDE.

De ce côté, ma sœur, vos penchans sont forts grands.

HENRIETTE.

Il nous faut obéir, ma sœur, à nos parens;
Un pere a sur nos vœux une entiere puissance.

ARMANDE.

Une mere a sa part à notre obéissance.

CHRISALE.

Qu'est-ce à dire?

ARMANDE.

Je dis que j'appréhende fort
Qu'ici ma mere & vous ne soyiez pas d'accord;
Et c'est un autre époux...

CHRISALE.

Taisez-vous perronnelle,
Allez philosopher tout le saoul avec elle,
Et de mes actions ne vous mêlez en rien.
Dites-lui ma pensée; & l'avertissez bien
Qu'elle ne vienne pas m'échauffer les oreilles;
Allons vîte.

SCENE IX.

CHRISALE, ARISTE, HENRIETTE, CLITANDRE.

ARISTE.

Fort bien. Vous faites des merveilles.

CLITANDRE.

Quel transport! quelle joie! ah, que mon sort est doux!

CHRISALE à Clitandre.

Allons, prenez sa main, & passez devant nous;
Menez-la dans sa chambre. Ah, les douces caresses!
(à Ariste.)
Tenez, mon cœur s'émeut à toutes ces tendresses,
Cela ragaillardit tout-à-fait mes vieux jours;
Et je me ressouviens de mes jeunes amours.

Fin du troisieme Acte.

COMÉDIE.

ACTE IV.

SCENE PREMIERE.

PHILAMINTE, ARMANDE.

ARMANDE.

Oui, rien n'a retenu son esprit en balance,
Elle a fait vanité de son obéissance ;
Son cœur, pour se livrer, à peine devant moi,
S'est-il donné le tems d'en recevoir la loi ;
Et sembloit suivre moins les volontés d'un pere,
Qu'affecter de braver les ordres d'une mere.

PHILAMINTE.

Je lui montrerai bien aux loix de qui des deux
Les droits de la raison soumettent tous ses vœux ;
Et qui doit gouverner, ou sa mere, ou son pere,
Ou l'esprit, ou le corps, la forme, ou la matiere.

ARMANDE.

On vous en devoit bien, au moins, un compliment ;
Et ce petit Monsieur en use étrangement
De vouloir, malgré vous, devenir votre gendre.

PHILAMINTE.

Il n'en est pas encore où son cœur peut prétendre.
Je le trouvois bien fait, & j'aimois vos amours ;
Mais, dans ses procédés, il m'a déplu toujours.
Il sçait que, Dieu merci, je me mêle d'écrire ;
Et jamais il ne m'a prié de lui rien lire.

SCENE II.

CLITANDRE *entrant doucement, & écoutant sans se montrer,* **ARMANDE, PHILAMINTE.**

ARMANDE.

Je ne souffrirois point, si j'étois que de vous,
Que jamais d'Henriette il pût être l'époux.
On me feroit grand tort d'avoir quelque pensée
Que là-dessus je parle en fille intéressée ;
Et que le lâche tour que l'on voit qu'il me fait,
Jette au fond de mon cœur quelque dépit secret.
Contre de pareils coups l'ame se fortifie
Du solide secours de la Philosophie,
Et par elle on se peut mettre au-dessus de tout ;
Mais, vous traiter ainsi, c'est vous pousser à bout.
Il est de votre honneur d'être à ses vœux contraire ;
Et c'est un homme enfin, qui ne doit point vous plaire.
Jamais je n'ai connu, discourant entre nous,
Qu'il eût au fond du cœur de l'estime pour vous.
PHILAMINTE.
Petit sot !
ARMANDE.
Quelque bruit que votre gloire fasse,
Toujours à vous louer il a paru de glace.
PHILAMINTE.
Le brutal !
ARMANDE.
Et vingt fois, comme ouvrages nouveaux,
J'ai lu des vers de vous qu'il n'a point trouvés beaux.
PHILAMINTE.
L'impertinent !

COMEDIE.

ARMANDE.
Souvent nous en étions aux prises ;
Et vous ne croiriez point de combien de sottises…

CLITANDRE à *Armande*.

Hé, doucement, de grace ! Un peu de charité,
Madame, ou tout au moins, un peu d'honnêteté.
Quel mal, vous ai-je fait ? & quelle est mon offense
Pour armer contre moi toute votre éloquence,
Pour vouloir me détruire, & prendre tant de soin
De me rendre odieux aux gens dont j'ai besoin ?
Parlez, dites, d'où vient ce courroux effroyable ?
Je veux bien que Madame en soit juge équitable.

ARMANDE.

Si j'avois le courroux dont on veut m'accuser,
Je trouverois assez de quoi l'autoriser,
Vous en seriez trop digne : & les premieres flammes
S'établissent des droits si sacrés sur les ames
Qu'il faut perdre fortune, & renoncer au jour,
Plutôt que de brûler des feux d'un autre amour.
Au changement de vœux nulle horreur ne s'égale ;
Et tout cœur infidèle est un monstre en morale.

CLITANDRE.

Appellez-vous, Madame, une infidélité
Ce que m'a de votre ame ordonné la fierté ?
Je ne fais qu'obéir aux loix qu'elle m'impose ;
Et, si je vous offense, elle seule en est cause.
Vos charmes ont d'abord possédé tout mon cœur,
Il a brûlé deux ans d'une constante ardeur ;
Il n'est soins empressés, devoirs, respects, services,
Dont il ne vous ait fait d'amoureux sacrifices.
Tous mes feux, tous mes soins ne peuvent rien sur
    vous,
Je vous trouve contraire à mes vœux les plus doux ;
Ce que vous refusez, je l'offre aux choix d'une autre.
Voyez. Est-ce, Madame, ou ma faute ou la vôtre ?
Mon cœur court-il au change, ou si vous l'y poussez ?
Est-ce moi qui vous quitte, ou vous qui me chassez ?

ARMANDE.

Appellez-vous, Monsieur, être à vos vœux contraire,
Que de leur arracher ce qu'ils ont de vulgaire ;
Et vouloir les réduire à cette pureteté,
Où du parfait amour consiste la beauté ?
Vous ne sçauriez pour moi tenir votre pensée
Du commerce des sens nette & débarrassée ;
Et vous ne goûtez point, dans ses plus doux appas,
Cette union des cœurs où les corps n'entre pas.
Vous ne pouvez aimer que d'une amour grossiere,
Qu'avec tout l'attirail des nœuds de la matiere ;
Et pour nourrir les feux que chez vous ont produit,
Il faut un mariage, & tout ce qui s'ensuit.
Ah, quel étrange amour ; &, que les belles ames
Sont bien loin de brûler de ces terrestes flammes !
Les sens n'ont point de part à toutes leurs ardeurs,
Et ce beau feu ne veut que marier les cœurs ;
Comme une chose indigne, il laisse-là le reste ;
C'est un feu pur & net comme le feu céleste,
On ne pousse avec lui que d'honnêtes soupirs,
Et l'on ne penche point vers les sales desirs.
Rien d'impur ne se mêle au but qu'on se propose,
On aime pour aimer, & non pour autre chose,
Ce n'est qu'à l'esprit seul que vont tous les transports,
Et l'on ne s'apperçoit jamais qu'on ait un corps.

CLITANDRE.

Pour moi, par un malheur, je m'apperçois, Madame,
Que j'ai, ne vous déplaise, un corps tout comme une ame.
Je sens qu'il y tient trop pour le laisser à part.
De ces détachemens je ne connois point l'art ;
Le Ciel ma dénié cette philosophie,
Et mon ame & mon corps marchent de compagnie.
Il n'est rien de plus beau, comme vous avez dit,
Que ces vœux épurés qui ne vont qu'à l'esprit ;
Ces unions de cœurs, & ces tendres pensées,
Du commerce des sens si bien débarrassées ;
Mais ces amours pour moi sont trop subtilisés,

Je suis un peu grossier, comme vous m'accusez ;
J'aime avec tout moi-même, & l'amour qu'on me donne,
En veut, je le confesse, à toute la personne.
Ce n'est pas-là matiere à de grands châtimens ;
Et, sans faire de tort à vos beaux sentimens,
Je vois que dans le monde on suit fort sa méthode,
Et que le mariage est assez à la mode,
Passe pour un lien assez honnête & doux,
Pour avoir desiré de me voir votre époux,
Sans que la liberté d'une telle pensée
Ait dû vous donner lieu d'en paroître offensée.

ARMANDE.

Hé bien, Monsieur, hé bien, puisque, sans m'écouter,
Vos sentimens brutaux veulent se contenter,
Puisque, pour vous réduire a des ardeurs fidelles,
Il faut des nœuds de chair, des chaînes corporelles,
Si ma mere le veut, je résous mon esprit
A consentir pour vous à ce dont il s'agit.

CLITANDRE.

Il n'est plus tems, Madame, une autre a pris la place ;
Et par un tel retour j'aurois mauvaise grace
De maltraiter l'asyle, & blesser les bontés,
Où je me suis sauvé de toutes vos fiertés.

PHILAMINTE.

Mais enfin, comptez-vous, Monsieur, sur mon suffrage,
Quand vous vous promettez cet autre mariage ;
Et, dans vos visions, sçavez-vous, s'il vous plaît,
Que j'ai pour Henriette un autre époux tout prêt ?

CLITANDRE.

Hé, Madame, voyez votre choix, je vous prie,
Exposez-moi, de grace, à moins d'ignominie ;
Et ne me rangez pas à l'indigne destin
De me voir le rival de Monsieur Trissotin.
L'amour des beaux esprits, qui chez vous m'est contraire,

Ne pouvoit m'oppofer un moins noble adverfaire.
Il en eft, & plufieurs, que pour le bel efprit,
Le mauvais goût du fiecle a fçu mettre en crédit ;
Mais Monfieur Triffotin n'a pu duper perfonne,
Et chacun rend juftice aux écrits qu'il nous donne.
Hors céans on le prife en tous lieux ce qu'il vaut ;
Et ce qui m'a vingt-fois fait tomber de mon haut,
C'eft de vous voir au Ciel élever des fornettes
Que vous défavoueriez, fi vous les aviez faites.
PHILAMINTE.
Si vous jugez de lui tout autrement que nous,
C'eft que nous le voyons par d'autres yeux que vous.

SCENE III.
TRISSOTIN, PHILAMINTE, ARMANDE, CLITANDRE.

TRISSOTIN à *Philaminte*.

JE viens vous annoncer une grande nouvelle.
Nous l'avons en dormant, Madame, échappé belle.
Un monde près de nous a paffé tout du long,
Eft chu tout au travers de notre tourbillon ;
Et, s'il eût en chemin rencontré notre terre,
Elle eût été brifée en morceaux comme verre.

PHILAMINTE.
Remettons ce difcours pour une autre faifon,
Monfieur n'y trouveroit ni rime ni raifon,
Il fait profeffion de chérir l'ignorance,
Et de haïr, fur-tout, l'efprit & la fcience.

CLITANDRE.
Cette vérité veut quelque adouciffement.
Je m'explique, Madame, & je hais feulement
La fcience & l'efprit qui gâtent les perfonnes.

Ce font chofes, de foi, qui font belles & bonnes ;
Mais j'aimerois mieux être au rang des ignorans,
Que de me voir fçavant comme certaines gens.
TRISSOTIN.
Pour moi, je ne tiens pas, quelque effet qu'on fup-
  pofe,
Que la fcience foit pour gâter quelque chofe.
CLITANDRE.
Et, c'eft mon fentiment qu'en faits, comme en
  propos,
La fcience eft fujette à faire de grands fots.
TRISSOTIN.
Le paradoxe eft fort.
CLITANDRE.
     Sans être fort habile,
La preuve m'en feroit, je penfe, affez facile
Si les raifons manquoient, je fuis fûr qu'en tout cas
Les exemples fameux ne me manqueroient pas.
TRISSOTIN.
Vous en pourriez citer qui ne concluroient guére.
CLITANDRE.
Je n'irois pas bien loin pour trouver mon affaire.
TRISSOTIN.
Pour moi, je ne vois pas ces exemples fameux.
CLITANDRE.
Moi, je les vois fi bien, qu'ils me crevent les yeux.
TRISSOTIN.
J'ai cru jufques-ici que c'étoit l'ignorance
Qui faifoit les grands fots, & non pas la fcience.
CLITANDRE.
Vous avez cru fort mal ; & je vous fuis garant
Qu'un fot fçavant eft fot plus qu'un fot ignorant.
TRISSOTIN.
Le fentiment commun eft contre vos maximes,
Puifqu'ignorant & fot, font termes fynonymes.
CLITANDRE.
Si vous le voulez prendre aux ufages du mot,

L'alliance est plus forte entre pédant & sot.
TRISSOTIN.
La sottise, dans l'un, se fait voir toute pure.
CLITANDRE.
Et l'étude, dans l'autre, ajoute à la nature.
TRISSOTIN.
Le sçavoir garde en soi son mérite éminent.
CLITANDRE.
Le sçavoir, dans un fat, devient impertinent.
TRISSOTIN.
Il faut que l'ignorance ait pour vous de grands charmes,
Puisque pour elle ainsi vous prenez tant les armes.
CLITANDRE.
Si pour moi l'ignorance a des charmes bien grands,
C'est depuis qu'à mes yeux s'offrent certains Sçavans.
TRISSOTIN.
Ces certains Sçavans-là peuvent, à les connoître,
Valoir certaines gens que nous voyons paroître.
CLITANDRE.
Oui, si l'on s'en rapporte à ces certains Sçavans;
Mais on n'en convient pas chez ces certaines gens.
PHILAMINTE à *Clitandre*.
Il me semble, Monsieur...,
CLITANDRE.
Hé, Madame, de grace;
Monsieur est assez fort, sans qu'à son aide on passe,
Je n'ai déja que trop d'un si rude assaillant;
Et, si je me défends, ce n'est qu'en reculant.
ARMANDE.
Mais l'offensante aigreur de chaque répartie,
Dont vous....
CLITANDRE.
Autre second ? Je quitte la partie.
PHILAMINTE.
On souffre aux entretiens ces sortes de combats,
Pourvu qu'à la personne on ne s'attaque pas.

COMEDIE.

CLITANDRE.

Hé, mon Dieu, tout cela n'a rien dont il s'offense,
Il entend raillerie autant qu'homme de France ;
Et de bien d'autres traits il s'est senti piquer,
Sans que jamais sa gloire ait fait que s'en moquer.

TRISSOTIN.

Je ne m'étonne pas au combat que j'essuie,
De voir prendre à Monsieur la thèse qu'il appuie ;
Il est fort enfoncé dans la Cour, c'est tout dit.
La Cour, comme l'on sçait, ne tient pas pour l'esprit.
Elle a quelque intérêt d'appuyer l'ignorance,
Et c'est en courtisan, qu'il en prend la défense.

CLITANDRE.

Vous en voulez beaucoup à cette pauvre Cour ;
Et son malheur est grand de voir que, chaque jour,
Vous autres beaux esprits vous déclamiez contre elle,
Que de tous vos chagrins vous lui fassiez querelle,
Et, sur son méchant goût lui faisant un procès,
N'accusiez que lui seul de vos méchans succès.
Permettez-moi, Monsieur Trissotin, de vous dire,
Avec tout le respect que votre nom m'inspire,
Que vous feriez fort bien, vos confreres & vous,
De parler de la Cour d'un ton un peu plus doux ;
Qu'à le bien prendre au fond, elle n'est pas si bête
Que vous autres Messieurs vous vous mettez en tête ;
Qu'elle a du sens commun pour ce connoître à tout ;
Que chez elle on se peut former quelque bon goût,
Et que l'esprit du monde y vaut sans flatterie,
Tout le sçavoir obscur de la pédanterie.

TRISSOTIN.

De son bon goût, Monsieur, nous voyons des effets.

CLITANDRE.

Où voyez-vous, Monsieur, qu'elle l'ait si mauvais ?

TRISSOTIN.

Ce que je vois, Monsieur, c'est que pour la science
Rasus & Baldus font honneur à la France ;
Et que tout leur mérite exposé fort au jour,

N'attire point les yeux & les dons de la Cour.
CLITANDRE.
Je vois votre chagrin, & que par modestie,
Vous ne vous mettez point, Monsieur, de la partie;
Et pour ne vous point mettre aussi dans le propos,
Que font-ils pour l'Etat vos habiles héros ?
Qu'est-ce que leurs écrits lui rendent de services,
Pour accuser la Cour d'une horrible injustice ;
Et se plaindre en tous lieux que sur leurs doctes noms
Elle manque à verser la faveur de ses dons ?
Leur sçavoir à la France est beaucoup nécessaire;
Et des livres qu'ils font la Cour a bien affaire.
Il semble à trois gredins, dans leur petit cerveau,
Que pour être imprimés, & reliés en veau,
Les voilà dans l'Etat d'importantes personnes,
Qu'avec leur plume ils font les destins des couronnes ;
Qu'au moindre petit bruit de leurs productions,
Ils doivent voir chez eux voler les pensions ;
Que sur eux l'Univers a la vue attachée;
Que par-tout de leur nom la gloire est épanchée;
Et qu'en science ils font des prodiges fameux,
Pour sçavoir ce qu'ont dit les autres avant eux,
Pour avoir eu trente ans des yeux & des oreilles,
Pour avoir employé neuf ou dix mille veilles
A se bien barbouiller de Grec & de Latin,
Et se charger l'esprit d'un ténébreux butin
De tous les vieux fatras qui traînent dans les livres.
Gens, qui de leur sçavoir paroissent toujours ivres;
Riches, pour tout mérite, en babil importun,
Inhabiles à tout, vuides de sens commun,
Et pleins d'un ridicule & d'une impertinence.
A décrier par-tout l'esprit & la science.
PHILAMINTE.
Votre chaleur est grande ; & cet emportement
De la nature en vous marque le mouvement.
C'est le nom de rival, qui dans votre ame excite....

SCENE IV.

TRISSOTIN, PHILAMINTE, CLITANDRE, ARMANDE, JULIEN.

JULIEN.

Le sçavant qui tantôt vous a rendu visite,
Et de qui j'ai l'honneur d'être l'humble valet ;
Madame, vous exhorte à lire ce billet.

PHILAMINTE.

Quelque important que soit ce qu'on veut que je lise,
Apprenez, mon ami, que c'est une sottise
De se venir jetter au travers d'un discours ;
Et qu'aux gens d'un logis il faut avoir recours,
Afin de s'introduire en valet qui sçait vivre.

JULIEN.

Je noterai cela, Madame, dans mon livre.

PHILAMINTE.

TRissotin s'est vanté, Madame, qu'il épouseroit votre fille. Je vous donne avis que sa philosophie n'en veut qu'à vos richesses, & que vous ferez bien de ne point conclure ce mariage, que vous n'ayez vu le Poëme que je compose contre lui. En attendant cette peinture où je prétends vous le dépeindre de toutes ses couleurs, je vous envoie Horace, Virgile, Térence & Catulle, où vous verrez notés en marge tous les endroits qu'il a pillés.

Voilà, sur cet hymen que je me suis promis,
Un mérite attaqué de beaucoup d'ennemis ;
Et ce déchaînement aujourd'hui me convie
A faire une action qui confonde l'envie,
Qui lui fasse sentir que l'effort qu'elle fait,

De ce qu'elle veut rompre, aura presſé l'effet.
(*à Julien.*)
Reportez tout cela ſur l'heure à votre maître;
Et lui dites qu'afin de lui faire connoître
Quel grand état je fais de ſes nobles avis,
Et comme je les crois dignes d'être ſuivis,
(*montrant Trissotin.*)
Dès ce ſoir, à Monſieur je marierai ma fille.

SCENE V.

PHILAMINTE, ARMANDE, CLITANDRE.

PHILAMINTE *à Clitandre.*

Vous, Monſieur, comme ami de toute la famille,
A ſigner leur contrat vous pourrez aſſiſter;
Et je vous y veux bien, de ma part, inviter.
Armande, prenez ſoin d'envoyer au Notaire,
Et d'aller avertir votre ſœur de l'affaire.
ARMANDE.
Pour avertir ma ſœur, il n'en eſt pas beſoin;
Et, Monſieur, que voilà, ſçaura prendre le ſoin
De courir lui porter bientôt cette nouvelle,
Et diſpoſer ſon cœur à vous être rebelle.
PHILAMINTE.
Nous verrons qui ſur elle aura plus de pouvoir;
Et ſi je la ſçaurai réduire à ſon devoir.

SCENE VI.
ARMANDE, CLITANDRE.
ARMANDE.

J'Ai grand regret, Monsieur, de voir qu'à vos
visées,
Les choses ne soient pas tout-à-fait disposées.
CLITANDRE.
Je m'en vais travailler, Madame, avec ardeur,
A ne vous point laisser ce grand regret au cœur.
ARMANDE.
J'ai peur que votre effort n'ait pas trop bonne issue.
CLITANDRE.
Peut-être verrez-vous votre crainte déçue.
ARMANDE.
Je le souhaite ainsi.
CLITANDRE.
              J'en suis persuadé ;
Et que de votre appui je serai secondé.
ARMANDE.
Oui, je vais vous servir de toute ma puissance.
CLITANDRE.
Et ce service est sûr de ma reconnoissance.

SCENE VII.
CHRISALE, ARISTE, HENRIETTE, CLITANDRE.
CLITANDRE.

SAns votre appui, Monsieur, je serai malheureux,
Madame votre femme a rejetté mes vœux ;
Et son cœur prévenu veut Trissotin pour gendre.

CHRISALE.
Mais quelle fantaisie a-t-elle donc pu prendre?
Pourquoi diantre vouloir ce Monsieur Trissotin?
ARISTE.
C'est par l'honneur qu'il a de rimer à Latin,
Qu'il a sur son rival emporté l'avantage.
CLITANDRE.
Elle veut dès ce soir faire ce mariage.
CHRISALE.
Dès ce soir ?
CLITANDRE.
Dès ce soir ?
CHRISALE.
Et dès ce soir je veux,
Pour la contrequarrer, vous marier vous deux.
CLITANDRE.
Pour presser le contrat, elle envoie au Notaire.
CHRISALE.
Et je vais le querir pour celui qu'il doit faire.
CLITANDRE *montrant Henriette.*
Et Madame doit être instruite par sa sœur,
De l'hymen où l'on veut qu'elle apprête son cœur.
CHRISALE.
Et moi, je lui commande avec pleine puissance,
De préparer sa main à cette autre alliance.
Ah, je leur ferai voir, si, pour donner la loi,
Il est dans ma maison d'autre maître que moi!
(*à Henriette.*)
Nous allons revenir, songez à nous attendre.
Allons, suivez mes pas, mon frere, & vous, mon gendre.
HENRIETTE *à Ariste.*
Hélas, dans cette humeur conservez-le toujours.
ARISTE.
J'employerai toute chose à servir vos amours.

SCENE VIII.
HENRIETTE, CLITANDRE.
CLITANDRE.

Quelque secours puissant qu'on promette à ma flamme,
Mon plus solide espoir, c'est votre cœur, Madame.
HENRIETTE.
Pour mon cœur, vous pouvez vous assurer de lui.
CLITANDRE.
Je ne puis qu'être heureux, quand j'aurai son appui.
HENRIETTE.
Vous voyez à quels nœuds on prétend le contraindre.
CLITANDRE.
Tant qu'il sera pour moi, je ne vois rien à craindre.
HENRIETTE.
Je vais tout essayer pour nos vœux les plus doux ;
Et, si tous mes efforts ne me donnent à vous,
Il est une retraite où notre ame se donne,
Qui m'empêchera d'être à toute autre personne.
CLITANDRE.
Veuille le juste Ciel me garder en ce jour
De recevoir de vous cette preuve d'amour !

Fin du quatrieme Acte.

ACTE V.

SCENE PREMIERE.
HENRIETTE, TRISSOTIN.

HENRIETTE.

C'Est sur le mariage où ma mere s'apprête,
Que j'ai voulu, Monsieur, vous parler tête à tête.
Et j'ai cru, dans le trouble où je vois la maison,
Que je pourrois vous faire écouter la raison.
Je sçais qu'avec mes vœux vous me jugez capable
De vous porter en dot un bien considérable;
Mais l'argent, dont on voit tant de gens faire cas,
Pour un vrai Philosophe a d'indignes appas;
Et le mépris du bien & des grandeurs frivoles,
Ne doit point éclater dans vos seules paroles.

TRISSOTIN.

Aussi n'est-ce point-là ce qui me charme en vous
Et vos brillans attraits, vos yeux perçans & doux,
Votre grace & votre air sont les biens, les richesses,
Qui vous ont attiré mes vœux & mes tendresses;
C'est de ces seuls trésors que je suis amoureux.

HENRIETTE.

Je suis fort redevable à vos feux généreux.
Cet obligeant amour a de quoi me confondre;
Et j'ai regret, Monsieur, de n'y pouvoir répondre.
Je vous estime autant qu'on sçauroit estimer;
Mais je trouve un obstacle à vous pouvoir aimer.
Un cœur, vous le sçavez, à deux ne sçauroit être;

Et je sens que du mien Clitandre s'est fait maître.
Je sçais qu'il a bien moins de mérite que vous,
Que j'ai de méchans yeux pour le choix d'un époux,
Que par cent beaux talens vous devriez me plaire;
Je vois bien que j'ai tort, mais je n'y puis que faire;
Et tout ce que sur moi peut le raisonnement,
C'est de me vouloir mal d'un tel aveuglement.

TRISSOTIN.

Le don de votre main, où l'on me fait prétendre,
Me livrera ce cœur que possede Clitandre;
Et par mille doux soins, j'ai lieu de présumer
Que je pourrai trouver l'art de me faire aimer.

HENRIETTE.

Non, à ses premiers vœux mon ame est attachée,
Et ne peut de vos soins, Monsieur, être touchée.
Avec vous librement j'ose ici m'expliquer;
Et mon aveu n'a rien qui vous doive choquer.
Cette amoureuse ardeur qui dans les cœurs s'excite,
N'est point, comme l'on sçait, un effet du mérite,
Le caprice y prend part; &, quand quelqu'un nous plaît,
Souvent nous avons peine à dire pourquoi c'est.
Si l'on aimoit, Monsieur, par choix & par sagesse,
Vous auriez tout mon cœur & toute ma tendresse;
Mais on voit que l'amour se gouverne autrement.
Laissez-moi, je vous prie, à mon aveuglement;
Et ne vous servez point de cette violence
Que, pour vous, on veut faire à mon obéissance.
Quand on est honnête-homme, on ne veut rien devoir
A ce que des parens ont sur nous de pouvoir;
On répugne à se faire immoler ce qu'on aime,
Et l'on veut n'obtenir un cœur que de lui-même.
Ne poussez point ma mere à vouloir par son choix,
Exercer sur mes vœux la rigueur de ses droits.
Otez-moi votre amour, & portez à quelqu'autre
Les hommages d'un cœur aussi cher que le vôtre.

TRISSOTIN.

Le moyen que ce cœur puisse vous contenter:

LES FEMMES SÇAVANTES,

Imposez-lui des loix qu'il puisse exécuter.
De ne vous point aimer peut-il être capable,
A moins que vous cessiez, Madame, d'être aimable,
Et d'étaler aux yeux les célestes appas....

HENRIETTE.

Hé, Monsieur, laissons-là ce galimathias.
Vous avez tant d'Iris, de Philis, d'Amarantes,
Que par-tout dans vos vers vous peignez si charmantes,
Et pour qui vous jurez tant d'amoureuse ardeur....

TRISSOTIN.

C'est mon esprit qui parle ; & ce n'est pas mon cœur.
D'elles on ne me voit amoureux qu'en Poëte ;
Mais j'aime tout de bon l'adorable Henriette.

HENRIETTE.

Hé, de grace, Monsieur....

TRISSOTIN.

              Si c'est vous offenser,
Mon offense envers vous n'est pas prête à cesser.
Cette ardeur jusqu'ici de vos yeux ignorée,
Vous consacre des vœux d'éternelle durée,
Rien ne peut arrêter les aimables transports ;
Et, bien que vos beautés condamnent mes efforts,
Je ne puis refuser le secours d'une mere
Qui prétend couronner une flamme si chere ;
Et, pourvu que j'obtienne un bonheur si charmant,
Pourvu que je vous aie, il n'importe comment.

HENRIETTE.

Mais sçavez-vous qu'on risque un peu plus qu'on ne pense,
A vouloir sur un cœur user de violence ?
Qu'il ne fait pas bien sûr, à vous le trancher net,
D'épouser une fille en dépit qu'elle en ait ;
Et qu'elle peut aller, en se voyant contraindre,
A des ressentimens que le mari doit craindre ?

TRISSOTIN.

Un tel discours n'a rien dont je sois altérée ;
A tous événemens le sage est préparé.

Guéri, par la raifon, des foibleffes vulgaires;
Il fe met au-deffus de ces fortes d'affaires;
Et n'a garde de prendre aucun ombre d'ennui,
De tout ce qui n'eft pas pour dépendre de lui.
HENRIETTE.
En vérité, Monfieur, je fuis de vous ravie;
Et je ne penfois pas que la philofophie
Fût fi belle qu'elle eft, d'inftruire ainfi les gens
A porter conftamment de pareils accidens.
Cette fermeté d'ame, à vous fi finguliere,
Mérite qu'on lui donne une illuftre matiere,
Eft digne de trouver qui prenne avec amour
Les foins continuels de la mettre en fon jour;
Et comme, à dire vrai, je n'oferois me croire
Bien propre à lui donner tout l'éclat de fa gloire,
Je le laiffe à quelque autre, & vous jure entre nous,
Que je renonce au bien de vous voir mon époux.
TRISSOTIN *en fortant.*
Nous allons voir bientôt comment ira l'affaire;
Et l'on a là-dedans fait venir le Notaire.

SCENE II.
CHRISALE, CLITANDRE, HENRIETTE, MARTINE.

CHRISALE.
AH, ma fille, je fuis bien-aife de vous voir.
Allons, venez vous-en faire votre devoir,
Et foumettre vos vœux aux volontés d'un pere.
Je veux, je veux apprendre à vivre à votre mere;
Et pour la mieux braver, voilà, malgré fes dents,
Martine que j'amene, & rétablis céans.
HENRIETTE.
Vos réfolutions font dignes de louange.
Gardez que cette humeur, mon pere, ne vous
    change;

Soyez femme à vouloir ce que vous souhaitez,
Et ne vous laissez point séduire à vos bontés.
Ne vous relâchez pas, & faites bien ensorte
D'empêcher que sur vous ma mere ne l'emporte.

CHRISALE.
Comment ? me prenez-vous ici pour un benêt ?
HENRIETTE.
M'en préserve le Ciel !
CHRISALE.
Suis-je un fat, s'il vous plaît ?
HENRIETTE.
Je ne dis pas cela.
CHRISALE.
Me croit-on incapable
Des fermes sentimens d'un homme raisonnable ?
HENRIETTE.
Non, mon pere.
CHRISALE.
Est-ce donc qu'à l'âge où je me voi,
Je n'aurai pas l'esprit d'être maître chez moi ?
HENRIETTE.
Si fait.
CHRISALE.
Et que j'aurois cette foiblesse d'ame,
De me laisser mener par le nez à ma femme !
HENRIETTE.
Hé, non, mon pere.
CHRISALE.
Ouais ! qu'est-ce donc que ceci,
Je vous trouve plaisante à me parler ainsi.
HENRIETTE.
Si je vous ai choqué, ce n'est pas mon envie.
CHRISALE.
Ma volonté céans doit être en tout suivie.
HENRIETTE.
Fort bien, mon pere.
CHRISALE.
Aucun, hors moi, dans la maison,
N'a droit de commander.

HENRIETTE.

Oui, vous avez raiſon.

CHRISALE.

C'eſt moi qui tiens le rang de chef de la famille.

HENRIETTE.

D'accord.

CHRISALE.

C'eſt moi qui dois diſpoſer de ma fille.

HENRIETTE.

Hé, oui.

CHRISALE.

Le Ciel me donne un plein pouvoir ſur vous

HENRIETTE.

Qui vous dit le contraire ?

CHRISALE.

Et, pour prendre un époux,
Je vous ferai bien voir que c'eſt à votre pere
Qu'il vous faut obéir, non pas à votre mere.

HENRIETTE.

Hélas, vous flattez-là les plus doux de mes vœux ;
Veuillez être obéi, c'eſt tout ce que je veux !

CHRISALE.

Nous verrons ſi ma femme à mes deſirs rebelle...

CLITANDRE.

La voici qui conduit le Notaire avec elle.

CHRISALE.

Secondez-moi bien tous.

MARTINE.

Laiſſez-moi. J'aurai ſoin
De vous encourager, s'il en eſt de beſoin.

SCENE III.

PHILAMINTE, BELISE, ARMANDE, TRISSOTIN, UN NOTAIRE, CHRISALE, CLITANDRE, HENRIETTE, MARTINE.

PHILAMINTE *au Notaire.*

Vous ne sçauriez changer votre style sauvage,
Et nous faire un contrat qui soit en beau langage ?
LE NOTAIRE.
Notre style est très-bon ; & je serois un sot,
Madame, de vouloir y changer un seul mot.
BELISE.
Ah, quelle barbarie au milieu de la France !
Mais au moins en faveur, Monsieur, de la science,
Veuillez au lieu d'écus, de livres & de francs,
Nous exprimer la dot en mines & talens ;
Et dater par les mots d'ides & de calendes.
LE NOTAIRE.
Moi ? si j'allois, Madame, accorder vos demandes,
Je me ferois siffler de tous mes compagnons.
PHILAMINTE.
De cette barbarie en vain nous nous plaignons.
Allons, Monsieur, prenez la table pour écrire.
(appercevant Martine.)
Ah, ah, cette impudente ose encore se produire ?
Pourquoi donc, s'il vous plaît, la ramener chez moi ?
CHRISALE.
Tantôt avec loisir on vous dira pourquoi.
Nous avons maintenant autre chose à conclure.
LE NOTAIRE.
Procédons au contrat. Où donc est la future.
PHILAMINTE.

PHILAMINTE.
Celle que je marie est la cadette.
LE NOTAIRE.
Bon.
CHRISALE montrant Henriette.
Oui, la voilà, Monsieur, Henriette est son nom.
LE NOTAIRE.
Fort bien. Et le futur ?
PHILAMINTE montrant Trissotin.
L'époux que je lui donne,
Est Monsieur.
CHRISALE montrant Clitandre.
Et celui, moi, qu'en propre personne,
Je prétends qu'elle épouse, est Monsieur.
LE NOTARE.
Deux époux !
C'est trop pour la coutume.
PHILAMINTE au Notaire.
Où vous arrêtez-vous ?
Mettez, mettez Monsieur Trissotin pour mon gendre.
CHRISALE.
Pour mon gendre, mettez, mettez Monsieur Clitandre.
LE NOTAIRE.
Mettez-vous donc d'accord, & d'un jugement mûr,
Voyez à convenir entre vous du futur.
PHILAMINTE.
Suivez, suivez, Monsieur, le choix où je m'arrête.
CHRISALE.
Faites, faites, Monsieur les choses à ma tête.
LE NOTAIRE.
Dites-moi donc à qui j'obéirai des deux ?
PHILAMINTE à Chrisale.
Quoi donc ? Vous combattrez les choses que je veux ?
CHRISALE.
Je ne sçaurois souffrir qu'on ne cherche ma fille,
Que pour l'amour du bien qu'on voit dans ma famille.

Tome VII.

PHILAMINTE.
Vraiment à votre bien on songe bien ici,
Et c'est-là, pour un sage, un fort digne souci.
CHRISALE.
Enfin, pour son époux j'ai fait choix de Clitandre.
PHILAMINTE.
(montrant Trissotin.)

Et moi, pour son époux, voici qui je veux prendre,
Mon choix sera suivi ; c'est un point résolu ?
CHRISALE.
Ouais ! Vous le prenez-là d'un ton bien absolu ?
MARTINE.
Ce n'est point à la femme à prescrire ; & je sommes
Pour céder le dessus en toutes choses aux hommes.
CHRISALE.
C'est bien dit.
MARTINE.
Mon congé cent fois me fut-il hoc,
La poule ne doit point chanter devant le coq.
CHRISALE.
Sans doute.
MARTINE.
Et nous voyons que d'un homme on se gausse,
Quand sa femme, chez lui, porte le haut-de-chausse.
CHRISALE.
Il est vrai.
MARTINE.
Si j'avois un mari, je le dis,
Je voudrois qu'il se fît le maître du logis,
Je ne l'aimerois point, s'il faisoit le jocrisse ;
Et, si je contestois contre lui par caprice,
Si je parlois trop haut, je trouverois fort bon
Qu'avec quelques soufflets il rabaissât mon ton.
CHRISALE.
C'est parler comme il faut.
MARTINE.
Monsieur est raisonnable
De vouloir pour sa fille un mari convenable.

COMEDIE.
CHRISALE.
Oui.
MARTINE.
Par quelle raison, jeune, & bien fait qu'il eſt,
Lui refuſer Clitandre? Et pourquoi, s'il vous plaît,
Lui bailler un Sçavant, qui ſans ceſſe épilogue?
Il lui faut un mari, non pas un pédagogue;
Et, ne voulant ſçavoir le Grais, ni le Latin,
Elle n'a pas beſoin de Monſieur Triſſotin.
CHRISALE.
Fort bien.
PHILAMINTE.
Il faut ſouffrir qu'elle jaſe à ſon aiſe.
MARTINE.
Les Sçavans ne ſont bons que pour prêcher en chaiſe;
Et, pour mon mari, moi, mille fois je l'ai dit,
Je ne voudrois jamais prendre un homme d'eſprit.
L'eſprit n'eſt point du tout ce qu'il faut en ménage,
Les livres quadrent mal avec le mariage;
Et je veux, ſi jamais on engage ma foi,
Un mari qui n'ait point d'autre livre que moi.
Qui ne ſcache A, ne B, n'en déplaiſe à Madame;
Et ne ſoit, en un mot, docteur que pour ſa femme.
PHILAMINTE à *Chriſale*.
Eſt-ce fait? Et, ſans trouble, ai-je aſſez écouté
Votre digne interprête?
CHRISALE.
Elle a dit vérité.
PHILAMINTE.
Et moi, pour trancher court toute cette diſpute,
Il faut qu'abſolument mon deſir s'exécute.
(*montrant Triſſotin.*)
Henriette & Monſieur ſeront joints de ce pas,
Je l'ait dit, je le veux, ne me repliquez pas;
Et, ſi votre parole à Clitandre eſt donnée;
Offrez-lui le parti d'épouſer ſon aînée.
CHRISALE.
Voilà dans cette affaire un accommodement.

(à Henriette & à Clitandre.)
Vous, y donnez-vous votre consentement ?
HENRIETTE.
Hé, mon pere !
CLITANDRE à Chrisale.
Hé, Monsieur !
BELISE.
On pourroit bien lui faire
Des propositions qui pourroient mieux lui plaire;
Mais nous établissons une espece d'amour.
Qui doit être épuré comme l'astre du jour;
La substance qui pense y peut être reçue,
Mais nous en bannissons la substance étendue.

SCENE IV.

ARISTE, CHRISALE, PHILAMINTE, BELISE, HENRIETTE, ARMANDE, TRISSOTIN, UN NOTAIRE, CLITANDRE, MARTINE.

ARISTE.

J'Ai regret de troubler un mystere joyeux,
Par le chagrin qu'il faut que j'apporte en ces lieux.
Ces deux lettres me font porteur de deux nouvelles
Dont j'ai senti pour vous les atteintes cruelles;
(à Philaminte.)
L'une, pour vous, me vient de votre Procureur;
(à Chrisale.)
L'autre, pour vous, me vient de Lyon.
PHILAMINTE.
Quel malheur,
Digne de nous troubler, pourroit-on nous écrire ?
ARISTE.
Cette lettre en contient un que vous pouvez lire.

COMEDIE.

PHILAMINTE.

Madame, j'ai prié Monsieur votre frere de vous rendre cette lettre, qui vous dira ce que je n'ai osé vous aller dire. La grande négligence que vous avez pour vos affaires, a été cause que le Clerc de votre Rapporteur ne m'a point averti, & vous avez perdu absolument votre procès que vous deviez gagner.

CHRISALE à Philaminte.

Votre procès perdu !

PHILAMINTE à Chrysale.

Vous vous troublez beaucoup ;
Mon cœur n'est point du tout ébranlé de ce coup.
Faites, faites paroître une ame moins commune
A braver, comme moi, les traits de la fortune.
Le peu de soin que vous avez, vous coûte quarante
mille écus ; & c'est à payer cette somme, avec les dépens, que vous êtes condamnée par Arrêt de la Cour.
Condamnée ? Ah, ce mot est choquant, & n'est fait
Que pour les criminels !

ARISTE.

Il a tort en effet ;
Et vous vous êtes-là justement récriée.
Il devoit avoir mis que vous êtes priée,
Par Arrêt de la Cour, de payer au plûtôt
Quarante mille écus, & les dépens qu'il faut.

PHILAMINTE.

Voyons l'autre.

CHRISALE.

Monsieur, l'amitié qui me lie à Monsieur votre frere, me fait prendre intérêt à tout ce qui vous touche. Je sçais que vous avez mis votre bien entre les mains d'Argante & de Damon, & je vous donne avis qu'en même jour ils ont fait tous deux banqueroute.

O Ciel, tout à la fois, perdre ainsi tout mon bien !

PHILAMINTE à Chrisale.

Ah, quel honteux transport ! Fi. Tout cela n'est rien.
Il n'est pour le vrai sage aucun revers funeste ;

LES FEMME SÇAVANTES,

Et, perdant toute chose, à soi-même il se reste.
Achevons notre affaire, & quittez votre ennui ;
 (*montrant Trissotin.*)
Son bien nous peut suffire & pour nous & pour lui.

TRISSOTIN.

Non, Madame, cessez de presser cette affaire.
Je vois qu'à cet hymen tout le monde est contraire ;
Et mon dessein n'est point de contraindre les gens.

PHILAMINTE.

Cette réflexion vous vient en peu de tems ;
Elle suit de bien près, Monsieur, notre disgrace.

TRISSOTIN.

De tant de résistance à la fin je me lasse.
J'aime mieux renoncer à tout cet embarras ;
Et ne veux point d'un cœur qui ne se donne pas.

PHILAMINTE.

Je vois, je vois de vous, non pas pour votre gloire,
Ce que jusques ici j'ai refusé de croire.

TRISSOTIN.

Vous pouvez voir de moi tout ce que vous voudrez,
Et je regarde peu comment vous le prendrez ;
Mais je ne suis pas homme à souffrir l'infamie
Des refus offensans qu'il faut qu'ici j'essuie.
Je vaux bien que de moi l'on fasse plus de cas ;
Et je baise les mains à qui ne me veut pas.

SCENE DERNIERE.

ARISTE, CHRISALE, PHILAMINTE, BELISE, ARMANDE, HENRIETTE, CLITANDRE, UN NOTAIRE MARTINE.

PHILAMINTE.

Qu'il a bien découvert son ame mercenaire !
Et que peu Philosophe est ce qu'il vient de faire,

COMEDIE.

CLITANDRE.
Je ne me vante point de l'être ; mais enfin
Je m'attache, Madame, à tout votre destin ;
Et j'ose vous offrir, avecque ma personne,
Ce qu'on sçait que de bien la fortune me donne.

PHILAMINTE.
Vous me charmez, Monsieur, par ce trait généreux,
Et je veux couronner vos desirs amoureux.
Oui, j'accorde Henriette à l'ardeur empressée....

HENRIETTE.
Non, ma mere, je change à present de pensée.
Souffrez que je résiste à votre volonté.

CLITANDRE.
Quoi, vous vous opposez à ma félicité ?
Et lorsqu'à mon amour je vois chacun se rendre....

HENRIETTE.
Je sçais le peu de bien que vous avez, Clitandre ;
Et je vous ai toujours souhaité pour époux.
Lorsqu'en satisfaisant à mes vœux les plus doux,
J'ai vu que mon hymen ajustoit vos affaires ;
Mais, lorsque nous avons les destins si contraires,
Je vous chéris assez dans cette extrêmité,
Pour ne vous charger point de notre adversité.

CLITANDRE.
Tout destin avec vous me peut être agréable ;
Tout destin me seroit sans vous insupportable.

HENRIETTE.
L'amour, dans son transport, parle toujours ainsi.
Des retours importuns évitons le souci.
Rien n'use tant l'ardeur de ce nœud qui nous lie,
Que les fâcheux besoins des choses de la vie ;
Et l'on en vient souvent à s'accuser tous deux,
De tous les noirs chagrins qui suivent de tels feux.

ARISTE à Henriette.
N'est-ce que le motif que nous venons d'entendre,
Qui vous fait résister à l'hymen de Clitandre ?

HENRIETTE.
Sans cela, vous verriez tout mon cœur y courir ;

Et je ne suis sa main, que pour le trop chérir.
ARISTE.
Laissez-vous donc lier par des chaînes si belles.
Je ne vous ai porté que des fausses nouvelles ;
Et c'est un stratagême, un surprenant secours,
Que j'ai voulu tenter pour servir vos amours ;
Pour détromper ma sœur, & lui faire connoître
Ce que son Philosophe à l'essai pouvoit être.
CHRISALE.
Le Ciel en soit loué !
PHILAMINTE.
     J'en ai la joie au cœur,
Par le chagrin qu'aura ce lâche déserteur.
Voilà le châtiment de sa basse avarice,
De voir qu'avec éclat cet hymen s'accomplisse.
CHRISALE *à Clitandre.*
Je le sçavois bien moi, que vous l'épouseriez.
ARMANDE *Philaminte.*
Ainsi donc à leurs vœux vous me sacrifiez ?
PHILAMINTE.
Ce ne sera point vous que je leur sacrifie ;
Et vous avez l'appui de la Philosophie,
Pour voir d'un œil content couronner leur ardeur.
BELISE.
Qu'il prenne garde au moins que je suis dans son cœur,
Par un prompt désespoir souvent on se marie,
Qu'on s'en repent après, tout le tems de sa vie.
CHRISALE *au Notaire.*
Allons, Monsieur, suivez l'ordre que j'ai prescrit,
Et faites le contrat ainsi que je l'ai dit.

Fin du Tome septieme.

www.ingramcontent.com/pod-product-compliance
Lightning Source LLC
Chambersburg PA
CBHW071249160426
43196CB00009B/1225